教育噴火

経済発展する中国、広がる学歴社会

はじめに

二〇〇六年四月初旬、シューレ大学にある「不登校研究会」の学生とスタッフ一〇名は、隣国である中華人民共和国（以下、中国）へ教育調査に出かけました。この冊子は、その時のフィールドワークの成果をまとめたものです。

シューレ大学は、一九九九年、既存の大学教育とは異なるオルタナティヴな大学として誕生、知りたいことと学びたいことを自分に合った方法で学び表現し、学生たちで創っていく大学です。

シューレ大学の学生には、不登校を経験した者もいれば、経験していない者もいます。自己経験がどうであれ、不登校について考えることは、学校について、教育について、価値観について、社会について、生き方についてを探究することでもあり、また、既存の学校とは異なるフリースクールやホームエデュケーションなどのオルタナティヴな教育を知ることでもありました。

私もまた、大学オープン以来、ずっと不登校研究会に参加してきましたが、研究会で日本の不登校について取り組めば取り組むほど、他国の状況を知りたくなりました。しかし、不登校やオルタナティヴな教育について、他国、特にアジアの様子を書いたものはほとんどありません。文献や研

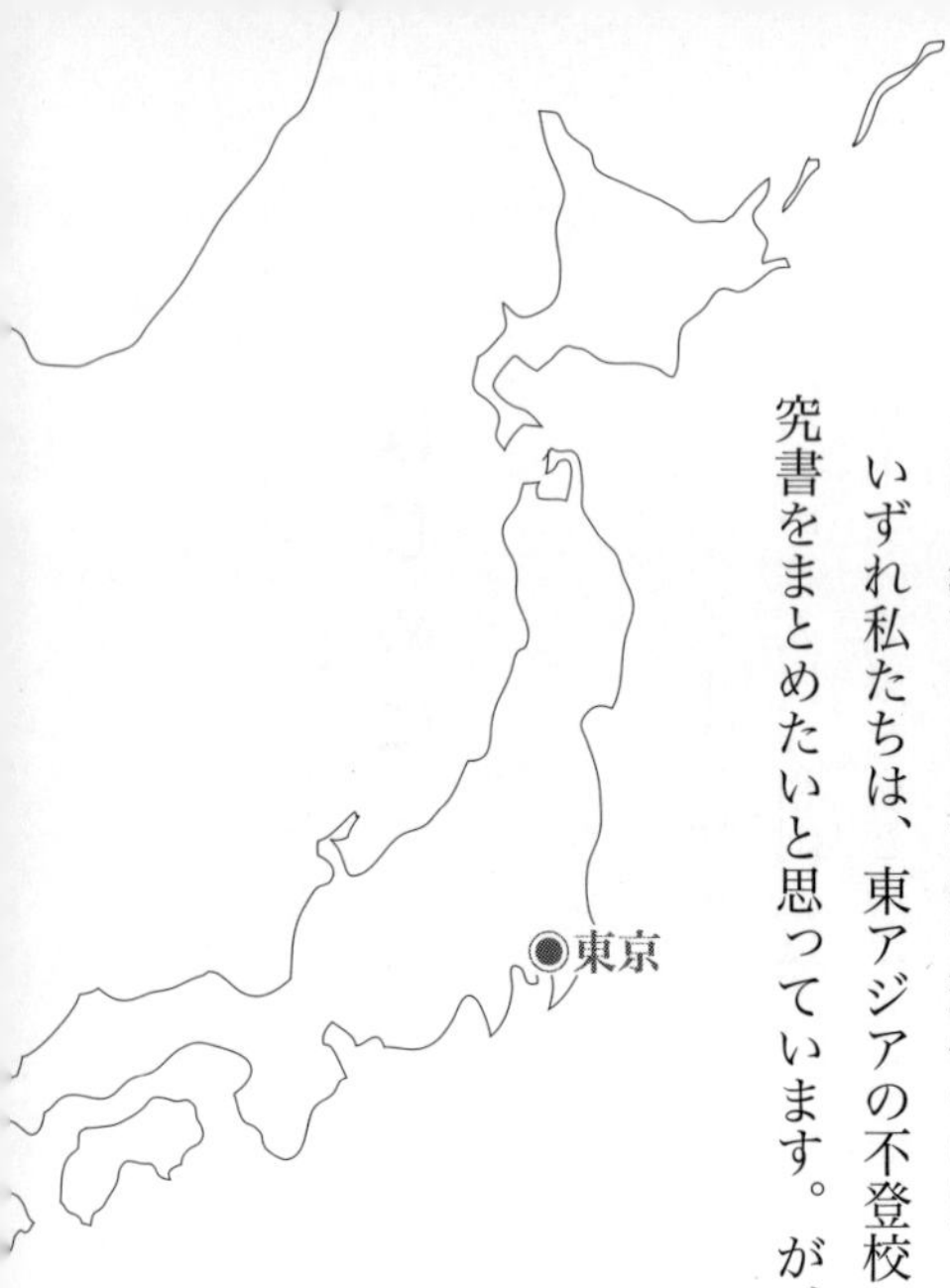

究者がいないなら、自分たちで調査しようと、韓国に二〇〇〇年、二〇〇一年、台湾には二〇〇四年に出かけました。それぞれ報告書になっており、特に韓国は第一回、第二回と報告書を二つ刊行しています。知れば知るほど、欧米などと比べると、アジアには急激な経済発展を背景とする特徴があり、ここまでくると中国に早く行きたくなったわけです。

今回の中国の調査旅行では、とりわけ、教育現場を生で見学したり、実際に子どもや学生の教育に関わっている人とどう出会えるかという問題がありましたが、シューレ大学スタッフの朝倉やその御尊父の人的つながりから可能となった上海市と広州市の二地域を訪問し、教育調査を行なってきたものを報告します。二地域と言っても、日本にいてはわからなかったことがたくさん手にでき、また、教育にあらわれた現代の中国について、新たな認識をすることができました。

いずれ私たちは、東アジアの不登校・オルタナティヴ教育についてこれらの現地調査をもとに研究書をまとめたいと思っています。が、まずは中国報告をご一読いただければ幸いです。

二〇〇六年八月

ＮＰＯ法人東京シューレ理事長　奥地圭子

北京
ソウ
上海
台北
広州
香港

座談会

旅コラム

中国の教育概要と社会背景

中国の教育制度

学校は九月に新年度が始まる。日本と同じように小学校六年、中学校三年、高校三年、大学四年、つまり六―三―三―四制をとっており、そのうち小中九年間が義務教育とされている。義務教育は一応、学費を徴収してはならない政策がとられているが何かと費用がかかる。義務教育はほぼ全国的に整備され、二〇〇〇年現在の就学率は小学校九九・一％、中学校八八・六％（『ハンドブック現代中国』）となっているが、農村部では経済的な理由で義務教育期間を修了できない子どもも少なくない。学校は全てが公立であり私立はない。しかし民営学校という制度があり、これについては「教育は産業」（一五頁）の項で詳しく説明する。

【小学校】

学区制をとっているため、居住する学区により入学する学校が決められるが、より良い教育を求めるため、区外でも評判の良い小学校に入れさせたり、高い学費を払って民営の小学校に入学することもある。本稿で取り上げる打虎山路第一小学校は公立だが上海市が力を入れている重点小学校であり、一般の公立と違って学区を越えて入学する子どももいる。一方、北京大付属中広州実験学校は民営にあたる。日本の「国語」にあたる「国文」では公用語とされている北京語を学ぶ。「英語」は小学校三年から始まる。

【初級中学】

初級中学（以下、初中）とは日本の中学校にあたる。初中への進学も学区制を取っているが、小学校の卒業試験の成績によって学区のどの初級中学に進学するか割り振られる。小学校卒業試験の成績の良い子どもは「重点中学」と呼ばれる進学校に進学する。また民営の初中に進む子どももいる。

【高級中学と職業中学】

初中卒業後の進路は主に、大学進学のための「高級中学」、就職するための「職業中学」の二つに分かれ、これらは日本の高校にあたる。中国全体の高校入学率は四三・八％（「チャイナネット」）である。また、正確な数字はわからないが、上海では一〇〇％近くが進学し、うちおよそ三分の一が職業中学へ進学すると聞いた。

高級中学は大学進学のためにある。広州美術学院付属中学と北京大付属中広州実験学校の高校クラスは高級中学にあたる。中国には日本の予備校のような受験産業はあまりなく、学校が生徒の受験勉強の全てを担う。そのため学校が開いている時間は長く、教師は遅くまで残って補習を行なう。また教師が副業として、お金をとって家で受験勉強の指導することもあると聞いた。

職業中学は日本の専門学校に近く、働くにあたって必要な知識・技術をしっかり学ぶ、就職するための学校である。

【高等教育】

高等教育には、四年制の総合大学、単科大学（広州美術学院は単科大学にあたる）と、二年制の専科大学や短期職業大学などがある。これら高等教育機関への入学は毎年六月におこなわれる全国統一入試によって選抜される。

改革開放と教育

一九七八年、改革開放政策を打ち出して以降、今回私たちが訪れた上海や広州など沿岸部都市は経済の市場化、国際化が急激に進んでおり、現在もとどまるところを知らない。中国の経済成長は一九四九年の建国から一九七八年は「計画経済の時代」、七九年から現在に至るまでは「市場経済

中国の教育制度図

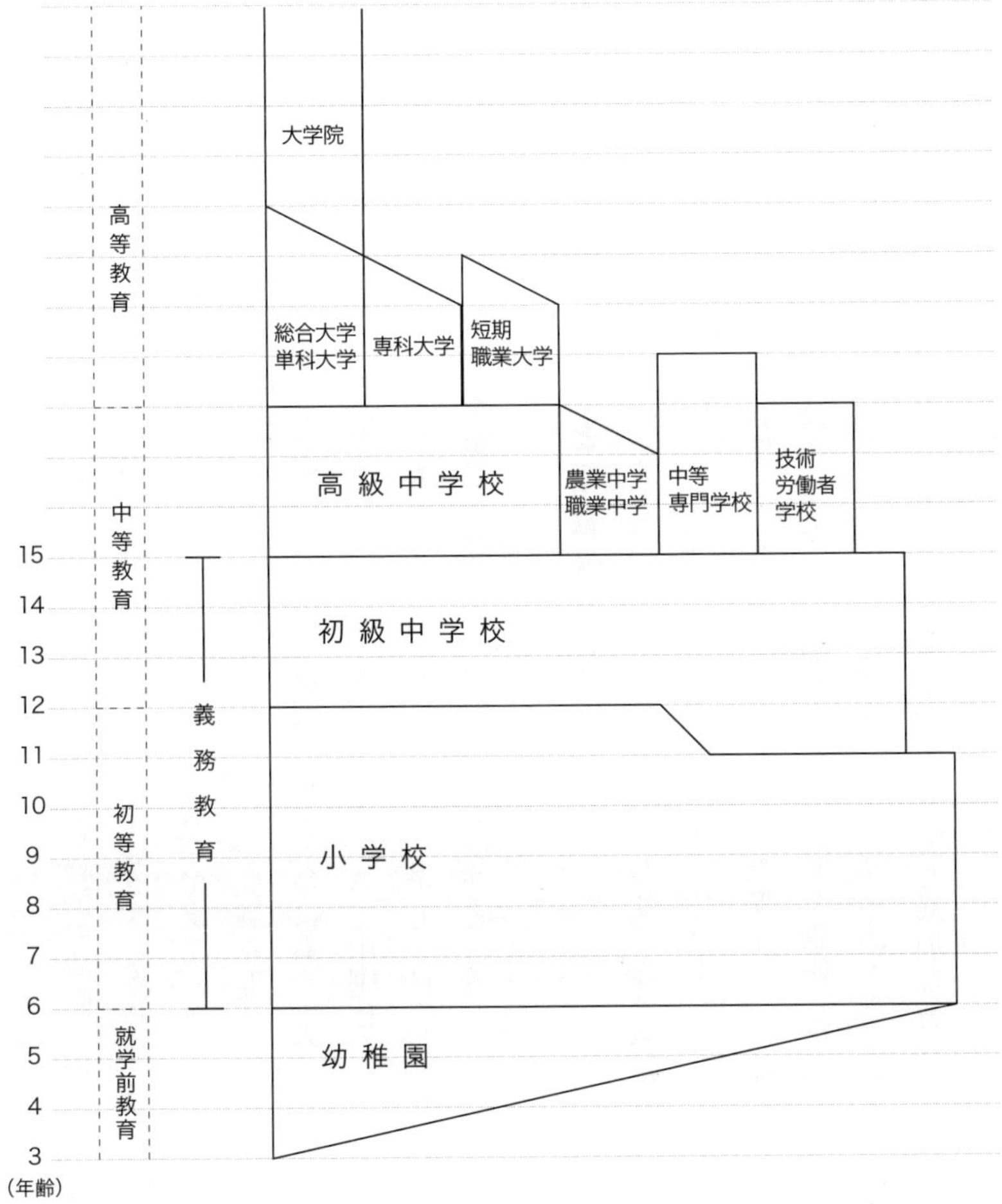
大学院
総合大学
単科大学
専科大学
短期
職業大学
高級中学校
農業中学
職業中学
中等
専門学校
技術
労働者
学校
初級中学校
小学校
幼稚園
高等教育
中等教育
初等教育
就学前教育
義務教育
15
14
13
12
11
10
9
8
7
6
5
4
3
(年齢)

の時代」と言われている。「計画経済の時代」は農業生産の停滞と経済の疲弊を招き、「貧しさに耐える社会主義」であった。一九七八年、政府は豊かな社会主義を達成するためには市場経済の導入が必要であるという方針に転換した。これがいわゆる改革開放政策である。国民全てが豊かな生活を送るためには国際競争に勝ち抜ける経済発展が必要であり、経済発展を促すため個人が豊かさを求める経済的自由が政府によって承認されたというわけだ。経済競争はあくまで豊かな社会主義国家を達成する手段にすぎないが、現在最も優先される手段なのである。中国において学校とは全て国有であり、社会主義に奉仕する人材を育成する国家機関である。そして社会主義に奉仕する人材育成とは、現在ではほとんど、経済発展に奉仕する人材育成を意味するだろう。

高等教育の大衆化—受験過熱と素質教育

経済発展とともに急激な変化を見せているのが高等教育機関であり、高等教育の大衆化がものすごい勢いで進行している。大学の統合や拡大、新設が相次ぎ、九八年に一〇二二校だった大学は〇五年には一七九二校。九九年以降、学生募集人員は年に一五%〜二〇%増え、〇五年の学生数は一五六二万人と一〇年前の五倍を超え、大学進学率は二一%と急伸している(『朝日新聞』二〇〇六年七月八日付)。大学院の進学率も急速に伸びており、〇四年の大学院進学率は前年と比べ二四・五%増加している(「チャイナネット」)。しかし大学の急激な増加は教育の質の低下や、あふれる大卒者に対して就職先がないなどの問題もでてきている。

高等教育の大衆化の裏側には当然、人々の高学歴志向があり、激しい受験競争がある。もちろん子どもが自主的に受験競争に没入するというよりは、親の強い期待がその背景にある。将来の大学受験を見据えて、親は学費がちょっとくらい高くても金を工面して良い小学校、良い中学校、良い高校へ行かせようとする。また、中国には日本のような進学塾は盛んではなく、受験勉強は高校が大きく担っている。高級中学とは大学進学のために勉強する場であり、それは日本と比べ徹底されている。通常の授業が終わった後も、補習があり、生徒は夜遅くまで学校で勉強できる。また教師が内職で生徒を家に呼んで勉強を教えることもあるという。

そして小中高と積み上げてきた努力の審判を下す大学入試は、社会的に注目の集まる一大イベントである。大学入試は日本のセンター試験と同じような全国統一入試が六月にあり、その試験の結果によって希望する大学に合格するかどうかが決定する。受験に失敗したら浪人して来年再び受験する若者も多い。全国統一入試を受けるため地方からやってくる受験生に親も付き添うのが普通であり、試験会場前で見守る親は少なくないという。試験会場周辺の工場が試験時間帯は騒音が出ないよう配慮したり、韓国同様、試験開始時間への到着が危ぶまれる受験生を警察がパトカーで送るなど、大学受験はまさに社会的なイベントなのである。

市場経済を導入し、現在も経済発展し続け、人々の生活がどんどん変わってきている。そういう中で、豊かな生活を送りたい、給料の高い仕事に就きたい、という「自己実現」の欲求を持つ人々が増える。その「自己実現」へとつなげてくれるのは学校というレールでしかない。いや、学校しかないのではなく、生れ落ちたところは学校という閉じた世界である。内も外もない。とにかく学校で頑張るか頑張らないかであり、頑張っただけ高い学歴を得られ豊かな生活が待っている。頑張らなければ低い学歴しか得られず、豊かでない生活が待っている。

親の強い期待を背景にした高学歴志向、一大イベントと化す大学入試。大学受験に合格するか否かが人の生き方を大きく左右させる。そういう認識が社会全体で共有されている。これは中国のみならず日本、韓国、台湾といった東アジアで共通に見られる。

一人っ子政策

今、中国で学校教育を受けている子どもたちは例外を除いて基本的にはみんな一人っ子である。それは人口抑制と人口資質の向上を目的に、夫婦一組に子ども一人を原則とする「一人っ子政策」が七九年から開始されたからである。だから今の子どもたちは親の熱い期待を一人で背負うことになり、もちろん教育費など子どもにかけるお金も一人に集中する。今の一人っ子世代は親から甘やかされて育ったために「弱くなった」とか、ワガママぶりから「小皇帝」と呼ばれたりしている。

素質教育

受験勉強、知識偏重の解消策として「素質教育」というものが打ち出されている。教育の使命は素質の向上であり、テストの点数や順番、学歴を目指すべきではないというわけだ。一九九三年には「小中学校は〝受験勉強〟を国民素質の全面向上の教育の軌道に転換させ、学習者全体に対して、学生の思想道徳、文化科学、労働技能と身体心理素質を全面的に向上させなければならない」という方針が出され、私たちが訪れた上海の小学校で宿題の時間が制限されているのは、「素質教育」の具体例だろう。しかし、結局最後に立ちはだかるのは全国統一入試である。中国国内でも「素質」が何を意味しているのか曖昧なため、混乱もあるという。

教育は産業―民営学校と教育費の高騰

市場原理の導入は、教育方針という観念的な影響だけでなく、学校経営という実際的な側面にも影響をもたらしている。社会主義国家である中国の全ての学校は国有である。かつての企業や工場と同じように学校も国家行政の計画に従って作られ、経営されていた。改革開放以降、社会が急激に変化する中で、より多くの人々がより高い学歴を望むようになり、そのニーズに応えるよう高級中学や大学の増加を支えたのが民営の学校である。民営学校とは公司（日本の「会社」に近しい）を立ち上げ、経営する学校である。行政だけでは対応できない学校の設置や経営を、民間が赤字にならず利益を出せる形で学校を設置、経営するのである。民営学校は国営学校が母体になっているところが多く、たとえば今回私たちが訪れた北京大付属中広州実験学校は、北京大を母体に公司を立ち上げ経営している。民営学校は年々増え続け、政府もこの動きを積極的に推し進めようと『民営教育促進法』を施行し、増加に拍車をかけている。

「民営」といっても教育内容が国から独立しているわけではなく、国の教育方針に沿っている。しかし都市部では貴族学校と揶揄《やゆ》されるような、富裕層の子どもをターゲットに高い学費で質の高い教育を提供する小学校や、外国の大学と提携した民間大学など、経営が成り立つように差異化を図っている。

かつては実質的に義務教育や大学の学費もほぼ無料であった。しかし改革開放政策で企業に経営自主権の拡大、経済活動の自由を認めたように、学校経営に対しても政府は予算を渋り、学校や地方行政に自助努力が求められるようになる。義務教育では学費を徴収しない政策がとられているが、慢性的に財政不足のため何かと名目を付けて費用を徴収する。ある地域では小中学からの徴収金があまりにも多額のため父母が鎮（日本の「町」にあたる行政区画）の教育委員会に対して訴訟を起こしたという。また大学の学費も一九九四年から一斉に有料となり、それ以降もはね上がる一方である。

教育にはお金がかかる、と今の中国の人々は感じている。二〇〇三年には「十大暴利業種」というランキングで教育が二位になったそうだ。それでも人々は教育を求める。お金がかかっても将来のためを思って子どもに評判の良い小学校に入れさせようとする、いい仕事に就けるよう大学に行かせようとする。だから教育は儲かる「産業」として注目されている。

格差と教育

都市部と農村部との地域格差が問題となっており、それは教育にも影響している。

中国はとてつもなく広く、そのほとんどが農村部であり、農村人口は全人口の七〇%と圧倒的に多い。そして改革開放以降、発展する条件の整ったところから先に発展させようという方針の下、沿岸都市部は急激に発展する一方で内陸農村部は取り残された。

義務教育は中国全土にほぼ達成されたと言われるが、それでも貧困地区では経済的な理由で未就学児童や小学校中退者、中学校中退者がいる。統計では二〇〇〇年に全国で〇・五五%の子どもが小学校を中退している。また九年制の義務教育が実施されないところもあり、財政不足のために教師に給料が支払われないなど、学校を運営していくことも難しい地域もある。

一方、貧困に喘ぐ農村部から都市部へと出稼ぎに来る人が増えている。出稼ぎ労働は、確かなあてがないにも関わらず流れ込むように都市部へやってくることから盲流（盲目的流動）と呼ばれ、現在、急激に発展する中国を象徴する現象である。

「盲流」という言葉は蔑称として現在は「民工」と呼ばれているが、都市住民にとって農村出身者は所詮流民にすぎないという認識が今も強く、出稼ぎ労働者への露骨な軽蔑や差別がある。同時に、経済発展は誰もやりたがらないようなきつい仕事をたくさん生み、低賃金でも働かざるをえない民工の人々は経済発展する都市部にはなくてはならない存在でもある。彼らの劣悪な労働環境が都市住民の豊かな生活を影で支えているのである。

中国では「戸口」という国家が管理する日本の戸籍制度のようなものがある。戸口には「城市戸口（都市戸籍）」と「農村戸口（農村戸籍）」があり、農村戸口の人は都市では医療・教育・福祉などの社会保障の対象外となり、このように政府は移動の自由、人口の都市集中を制限する政策をとっている。出稼ぎ労働が一般化してからは、政府は出稼ぎ労働を、都市と農村の格差を是正する積極的行為として認められているが、現在も原則として農村住民の都市移住は禁止されている。しかし故郷に戻っても展望がない民工の人々は、さまざまな手段を使って城市戸口を獲得したり、民工仲間と結婚したりして、都市生活者となっていく。

民工の子どもたちは城市戸口がないことや学費が払えないといったことから公立学校にはなかなか入れない。そのため民工子弟学校と呼ばれる学校が存在する。創立者の多くが民工出身者で、民工子弟学校は法的に認められた学校ではない。また、校長や教師の大半が無資格で、教育水準もけっして高くないが、読み書きは必要という思いから入学希望者は多い。それでも中国の研究者による

と、民工の子どものうち民工子弟学校への入学率は一〇%たらずと言われている。(相澤啓祐)

参考文献
愛知大学現代中国学部 編『ハンドブック現代中国』(あるむ、二〇〇三)
上村幸治『中国のいまがわかる本』(岩波書店、二〇〇六)
王智新『現代中国の教育』(明石書店、二〇〇四)
塚本和人「中国大学バブル」(二〇〇六年七月八日付『朝日新聞』)
「中国の概況2005」(チャイナネット http://www.china.org.cn/japanese)

旅コラム

南京東路（なんきんとんろ）

今日の上海のシンボルとなっているテレビ搭に背を向けて、バンド地域に並ぶ欧風建築物の谷間へと入る。ここから始まるこの道こそ、上海で最も活気づいている南京東路である。車道脇の歩道を人波に押し寄せられながら、しばらく歩くと、河南中路との交差点へとさしかかる。信号が変わると同時に、交差点にたまっていた人々は、一気に横断歩道を渡り、タイルばりの広々とした歩行者天国へと流れ込む。

「南京路歩行街」と刻まれた石板のすぐ横で、バイオリンを持った母子の像が迎えてくれる。この二体の像は、中国の人達にもかなり人気のようで、像の隣に代わる代わる人が立っては、次々に記念のシャッターが押されている。汗ばむほどの真っ昼間の太陽に負けないくらい、この街は熱気に満ちている。

遊園地にありそうな列車が、客を乗せてタイヤで走行している。通りを行き交う人々の頭上では、両側に並ぶ建物から突き出した看板が人目を引いている。看板はどれも漢字であふれ、我こそはと店をアピールするように、どれもユニークな形をしている。そして日が落ちれば、なおのこと華やかに輝き出すのである。（清水幹王）

上海

上海——急速な近代化とその矛盾

成立ち

上海に来て、多くの観光客が必ず訪問するのがバンド（外灘）地域である。黄浦江の川べりに遊歩道が続くこの場所は、朝から晩まで観光客や、カップルや、ものを売る人々でにぎわっている。一八八三年にアヘン戦争後の南京条約で開港して以来、田舎町だった上海が、現在一九〇〇万人が生活し、中国最大の近代都市に発展してきた様子をこの川べりに立つと一望することができる。

まず、バンドにはヨーロッパ調の石造りの建物が立ち並んでいる。開港して以来、イギリスやフランス租界として発展してきたのである。中国貿易センターはかつてロシアの銀行であり、和平飯店は旧パレスホテルと、今も現役で使っている建物も多い。夜になると、静かにライトアップされ、黄色い光の中に浮かび上がる風景は、今でこそ対岸の浦東地区に負けそうだが、かつては「見られる」対象であったことを思い起こさせる。

日中戦争後、共産主義時代に入ると、上海から、社会主義経済の担い手を中国全土に送り出した。上海はまた、文化大革命の中心地ともいえる。かつて毛沢東夫人の江青が住んでいて、紅衛兵が活躍し、多数の知識人などが被害にあった。その後、鄧小平の改革開放政策のもと、ますます発展し、一九〇〇年には、浦東地区が国家プロジェクト対象となる。

急激な近代化

バンドから対岸に位置する浦東地区を見渡すと、鉛筆に球体を二つ串刺しにしたような形のTVタワーをはじめとして、うそみたいに高いビルがにょきにょき生えている。それは、鉄腕アトムの中に出てくる未来都市そのままといった風景である。その様子は上海中心部全体にも当てはまる。東京でいえば新宿西口の高層ビル群といったところだろうか。ビルを見上げていると首が痛くなる。特徴としては、低い建物か、高層ビルやマンションがとても目立つということである。中くらいの高さの建物がないのだ。それは、上海がこの二十年で急速に近代化されたことの証であろう。

外資も急激に参入している。日系企業も含めた海外の企業の看板が立ち並ぶ。コダック、ソニー、クライスラー、タクシーはすべてフォルクスワーゲンだった。街のいたるところでローソンの看板が目立った。

バンドの町並み

浦東地区のビル群

二つの矛盾

華やかな、急速な発展があれば矛盾が生まれる。その一つは公害である。浦東地区にある高さ三〇〇メートルの高層ホテルから上海の街を見下ろすと、とてもよい天気なのにも関わらず、上海の街は、もやの中にあった。とても幻想的な風景だが、その成分を考えるととても皮肉である。通訳の方によると、外国から来た人が目やのどの痛みを訴えるらしい。一昔前の東京や川崎、大阪を思わせる大気汚染である。車社会化しているのも原因だろう。自転車の時代は過去になりつつあり、アジアの都市のようなバイクも多くはない。ただし、運転マナーは決してよいとはいえない。

二つ目として上げられるのは、経済格差である。農村と都市の経済格差が中国全土で問題になっているが、都市内でも大きな格差が存在する。これは、上海に限らず中国の多くの都市が抱える問題でもある。街中の大衆的な食堂で炒飯を頼むと、スープとセットで約九〇円ほどであった。反面、ちょっとした喫茶店で珈琲を飲もうとすると、約四五〇円だった。これは一つの例であるが、私たちの感覚からすると、中国のものはほとんどがバーゲン状態なのだが、「激安」と感じるものと「普通」と感じるものが混在していた。おそらくは、九〇円のチャーハンを食べる人は、四五〇円のコーヒーを飲まないだろうし、その逆もしかりであろう。国家統計局調査隊の報告によると、二〇〇二年の都市部最高収入層の収入は最低収入層の七・九倍だった。一九九二年は三・三倍であり、その格差は急激に広がっている。

反日暴動の後

バンドの中ほど、共産党政権下で初の市長を務めた陳毅の銅像から伸びる南京東路は、上海のもっともにぎやかな繁華街の一つである。オシャレな若者が闊歩し、若者だけでなく、様々な年齢の人たちがいる。みな、日本人と変わらない。服装も似ているし、顔立ちもとても近い。ホテルの近くの中山公園では、平日にも関わらず多くの中高年の男女が楽しく、太極拳や社交ダンスや剣舞をしていた。子どもや若者はいなかった。

この上海で、昨年春、反日デモの嵐が吹き荒れた。彼らは日本製品の不買を訴え、日本領事館へ行進した。ペットボトル、汚物、インクなどを投げ、日本のコンビニなども被害にあった。私たちが行った時は、一見、そのような様子は感じず、平和に見えた。しかし、たった一年で、彼らが大規模なデモを行わずにはいられなかった状況がそれほど改善したとは到底思えない。日本では、急激な経済発展の中、水俣の人々など、少数の人々がその矛盾を引き受けざるを得ない状況に追い込まれた。中国でも当時の日本と同じ状況が進行しているように感じた。(長井岳)

小学校教員　劉華さんの話
――よりよい教育への公立小学校の取り組み

　小学校の教員をしている劉華さんは、上海市の大学の公司が経営している高級マンション六階に住んでおられ、私たちはそこに伺ってインタビューを行なった。劉さんは上海の中でも評判の高い小学校にすでに十五年在職しているベテラン教師で、現在は三年生の担任をしている。劉さんは同学年のもう一人の先生の童曄さんを呼んで、二人で会って下さった。

教員の仕事

　教師になるルートは中国では二つあり、師範大を出ることと一般の大学で教員資格を取ることで、劉さんは前者の師範大を卒業して教師になった。志望動機は子どもがかわいいからだそうだ。

　中国では小学校から教師には専門科目があり、教師はその専門科目だけを

お話をうかがった劉さん（写真左）と童さん（写真右）

教えるが、劉さんはクラスの担任もしているので、一日二コマの授業以外にも担任の仕事、たとえば朝の体操や心理相談も受け持っている。教育課程は国によって決められており、教える科目の種類、時間が定められている。現在、政府によって進めている教育改革が三つある。①教育理念、②教材、③教育方法、の改革であり、長期的に取り組んでいる。例えば教材を新しく編集中であり、補充教材も使って時代に遅れないようにしている。童さんは、新しい教材を使って短い期間に早く字を覚えさせる方法で「賞」を取った先生で、方法の例を尋ねると、お昼のメニューを字で書かせることやクイズを作って覚える方法を話して下さった。

宿題は市によって制限される

上海の教育局による規定があり、小学校は一～二年まで宿題を出さない、三～四年は三〇分まで、五～六年は三〇分以上となっている。なぜそんな規定が出たかについては「子どもの心理的特徴を大事にし、遊びながら勉強するのがいいから」とのこと。伝え聞く教育過熱とは印象の違う話だったが、逆に、そのような規制が出たのは、規制を出さざるを得ない現実があることを伺わせた。

宿題以外は遊ばせるとのことだが、親が塾通いをさせると話された。塾といえば、日本では「学習塾」を指すが、中国では一般に書道やピアノや英会話などの習い事で、学習塾も存在するが比率は多くない。塾の形態は三種あり、①民間経営のもの、②区の児童活動センター、③学校主催のもので、劉さんの学校では放課後に獅子舞を教えている。

どの家庭も大学進学を目指す

小学校から大学までを見ると、大学受験が一番大変だが、普通どの家庭も大学へ入れることを考えるそうだ。高校における勉強の目的は大学へ行くためである。中国では日本のような大学受験のための塾はなく、高校だけで受験勉強を行なう。劉さんと童さんの二人もそうしてきた。

上海では、この地域の子はこの小学校、この小学校の子はこの中学校と基本的に決まっている。民営の小学校に行きたい人はそれも選べる。民営の中学校も少しはあるが、公立小学校の責任は「小学校の統一試験の合格」であり、民営中学入学試験のための指導はしない。統一試験の合格はとても簡単だが民営中学の入試は難しく、たとえば上海外国語付属中学校を目指している子どもは、親が英語の塾に行かせたりしている。

不登校は絶対にいない

いじめは小学校では無いけれど、中学校ではあると劉さんは言う。自殺する子もいて、成績が良くないと叱られたり、殴られたりするのが原因と聞いた。自殺者数は少ないけれど社会では問題視されている。「私たちの学校では『心理的健康』という時間をもって授業を行なっていますので予防できます」と言って、その教科書を見せてくれた。

上海では大げさでなく、不登校は絶対いないと言う。その理由は、一人っ子のため家は淋しいから。平日は寮に住んでいる子に「家に帰りたい？」と聞いても「イヤ、もっと学校にいたい」と答えるくらいだから、不登校はいないと言う。

親も子どもも変わってきている

劉さんの子どもの頃と比べ、今の子どもたちは賢くなっているという。しかし、より良い暮らしをするためにより良い学校に入れたいという親の期待が高くなったことで、競争が激しくなり、子どもへの負担は重くなってきているそうだ。子どもへの期待が高くなると同時に、先生への要求も高くなった。昔は授業のみやっていればよかったが、今は教師も研究をしなければならなくて大変だ。学校で働く時間は八時間、プラス家で学校の仕事をする時間は三時間となる。先生は尊敬されているが、給料は高いとは言えない。

親にも変化があり、悪い面としては、社会が発展し、今の親の世代は一人っ子で育ったこともあり、生活能力や子どもを育てる力が低くなったこと。ひと昔前は、親はとにかく勉強と言っていたが、今の親は子どもの人との付き合い、生活能力も重視している。また教育にお金をどんどん使っていいという考え方になってきている。

昔は助け合うと、どうお返しをするか悩むことがあった。今はお金が得られ、お金でサービスも得られ、自分の時間も節約でき、生活の快適性もある。だから今の方が好きだという。

子どもは楽しく成長させたい

劉さんには幼稚園のお子さんがいるので、自分の子どもをどう育てたいか尋ねてみた。訪問したのは日曜日だったが、お子さんは不在で、ダンスの塾に夫の付き添いで行っていた。今年の夏からはピアノの塾にも行かせたいとのこと。また部屋の家具やテレビ、ソファなどにはそれらの名前が書かれたカードが貼ってあり、子どもに字を覚えてもらう工夫がされていた。

劉さんの考えは「子どもは楽しく成長させたい、自信が持てるようにしたい」とのことだった。小学校は自分の勤務する学校、そして良い中学、良い高校、良い大学に行かせたいがムリヤリ行かせる気はないそうだ。子どもと遊びたいが、家でこなす学校の仕事も増えているので時間を取るのが難しいとのこと。

重点小学校の見学

劉さんが教えている打虎山路第一小学校の四年生～六年生のキャンパスを見学させてもらっ

た。全校生徒一二〇〇人、教師一〇〇人の学校で、寮もある。いろんな教育研究を引き受け、上海市の重点校となっているため評判がいい。地域の学校なのに寮があるのは、改革開放政策の影響なのか、越境入学費を払って、より意欲のある子が集まっているという。この学区はもともと工場勤めの子どもたちのいる地域だったが、今は、豊かな高級マンションが増え、一般の住宅地となっている。校舎は一階建ての建物で、建物が囲んでいる中央の庭に子どもたちが教室からすぐ出られるようになっている。ここは上海でも数少ない庭園式の学校だと説明を受けた。

守衛室横の門を入ると、左右に木々や植え込み、細い道やあずま屋があり、学校らしくない雰囲気であった。ほどなく玄関ホールがあり、電光掲示板が取り付けられていた。私たちが見た時は「かわいい上海人になりたい。悪いことをしない」という上海市のスローガンが表示されていたが、子どもが登校してくる朝は天気予報や学校のお知らせを表示するのに使うとのこと。

玄関ホールにはグランドピアノが置いてあった。休み時間や放課後は子どもの誰でもピアノを弾いていいことになっており、子どもの個性・能力をのばす取り組みの一つだという。正面壁には「子どもを愛して子どもの

小学校の廊下
休み時間の風景

心の灯りをつけます」と教育理念が掲げてあった。毎年、一人の教師の教育理念を選出して提示するのだという。その横には掲示板があり、優秀な先生が表彰されている写真が貼ってあった。この学校の教員の五分の一が共産党員で、表彰されるような優秀な教員には共産党員が多い。党員になると出世が早く、より上の地位に就きやすくなるが、党員になるのは難しいのだという。他に、教員が香港に行った写真や、校長がヨーロッパに視察に行った写真などの展示もあった。

学年ごとの職員室には一部屋に八人分くらいの机とパソコンがあった。それぞれの机は低いパーティーションで区切られており、ミーティングができるようにもなっていた。また「徳育室」、「音楽室」といった特別教室もある。普通教室には、廊下からのぞくと、ぎっしり子どもたちがいて、静かにテストを受けていた。席は一列六人で八列ほど並んでいたように見えたが、ひとクラス四〇人を超えていないとのこと。皆、制服を着ていたが、普段の日は私服でよく、国旗をあげる朝礼のある月曜のみ、制服で登校するそうだ。

グラウンドを見学中、遊具が何もないなあ、と思っている時、授業が終わり、休み時間になった。「ワーッ」という歓声とともに子どもたちが教室から元気よく飛び出してきたのは、やはり子どもらしいと感じた。子どもたちは思い思いに遊び始め、私たちのところにも寄ってきたり、関心がありながら離れたところから恥ずかしそうに見ている子もいたりした。日本人の子が一人いて、先生が肩を組みながら私たちに紹介してくれた。子どもたちは、いろんなところに散らばって、ほぐれた表情でいろんな遊びをしていた。十二分の休み時間はすぐ終わって、再び教室に戻っていった。

最後に

秩序のとれた中で、個性教育をしようという、あるいは、個性を尊重しつつも国の政策にどう沿うかという矛盾を抱えている先生の姿があった。また、家に帰ってから学校の仕事や研究テーマの取り組みがあって、自分の子どもともっと遊びたい思いが満たされない。そういった矛盾や悩みは、日本でも教師は常に抱えていたということを、かつて教師経験のある私は思い出した。社会主義体制の中国と日本は全く違うのだが、国を越えて、似ている思いもあるのだと身近に感じた。

中国の子どもの方が小さい頃から教育課題を次々とこなさなくてはならず大変で、こまめに管理されているその中で大きくなっていくのかと思った。教師養成にも力を入れており、中国の市場経済の発展は教育も支えているのだろう。そして、しだいにお金優先の社会になりつつあることも、劉さん話の中から感じたことだった。（奥地圭子）

小学校の廊下
壁にかかっているのは
子どもたちの評価表

上海で育って
――市民から見た現在の中国の教育

上海で生まれ育ったいわゆる教育の専門家でない市民が、今の上海の教育をどう考えているのかを知りたくて、子育てをしている友人と教育の話もよくするという日本語通訳の戚さんにインタビューをした。

戚さんは、一九七三年、人民広場に近い上海市中心地区で生まれた。家族は医者の父と、看護士の母、それから七つ年下の弟だ。弟が生まれる時までは一人っ子政策がそれほどは厳しくなかったそうだ。戚さんは地元の小学校に入学し、成績がよかったため、国が重点的に予算を投入している公立の中学校・高校に進学し、上海外国語大学日本語科を卒業している。大学卒業後、上海の日系企業に就職し、現在、日本語通訳と社長秘書をしている。

今の子どもたちはかわいそうです――忙しすぎる子どもたち

「忙しすぎて自分の時間がなくて、今の子どもたちはかわいそうです」と言う。上海の子どもたちは、小学校に上がる前から習い事に忙しい。週末も含め、週に二回水泳、また二回ピアノなどを習っているのが普通なのだ。親は週末の習い事の送り迎えをするなど熱心だ。「たとえば、ある同級生の子どもは幼稚園二年生（五歳）で、幼稚園が終わった後は水泳を週二回、そしてピアノを週二回、週末は英語の教室に通っています」と言う。周りの子どもたちもこんな風に習い事をしているから、自分の子どもが遅れないように習い事に行かせることになる。小学校に入学してもこの習い事は続く。宿題は、上海市の条例があり制限されているが、親がそれぞれの家庭で子どもに勉強させていて、のびのび遊ぶことは難しい。

中学に入ると「唯一の目的はいい大学に入ること」になるので芸術関係の習い事はやめ、英会話教室に通ったり家庭教師を雇ったりするようになる。高校に入るとさらに勉強時間が長くなる。夜一〇時、一一時まで学校で勉強してから帰宅するという子どもも珍しくない。「これだと遊ぶ時間がないんですけれど、高校生は遊ばない人が多いんですか？」という質問に「遊ばないです。今の子どもたちは『あなたはちゃんと勉強しなければ将来は出世できない』と教育されています。たとえば親たちは、コーヒーショップに来るとき『あなたはちゃんと勉強しなければ将来はあのようなウェイトレスになるよ』って。だから子どもは自分か

戚さん

ら勉強します」と言うのだ。

今の子どもの生活

中国の子どもたちは学校で過ごす時間が長い。一時限の長さは短いが、小学校から授業が日に八時限ある。中学でも八時限あり、一時限の長さは長くなる。高校になると、放課後も遅くまで学校にいることが当たり前になり、十四時間も学校で過ごすことが珍しくない。しかし、そんな勉強に忙しい子どもたちも何とか遊ぶすきまを作り出しているようだ。

中学生は学校から帰ると宿題をしなければならないが、テレビゲームをしたい気持ちもある。ネットゲームも人気があるが、勉強の妨げになる、と親が怒る。勉強時間がゲームでつぶれないように、子どものパソコンにゲームが一時間しかできないように設定する家庭もあるそうだ。家ではできないからと、ネットカフェに行ってやろうにも、未成年は立ち入り禁止である。ただ、闇のネットカフェがあり、徹夜でゲームをする子もいるという。家出をして何ヶ月もネットカフェにいる子がいると報道されたことがあるそうだ。ゲームをすることもままならない中国の子どもたちだが、頻繁ではないけれど親と旅行に行ったり、友だちとカラオケに行ったりすることもある。

小学生のうちは親との連絡を取るために使っていた携帯電話も中学生になると同級生とメールをすることが主な利用になってくる。メールのやり取りも中学生以上の子どもたちにとっては大切なコミュニケーションになっているようだ。

不登校

先生たちに聞いたところ不登校の子どもたちはいないということだったが、戚さんも「あまり聞いたことないですね。なぜかというと今の子はもし学校に行かなければ、すぐにバレます。学校に行くふりをしてネットカフェに行くこともできますけど、ネットカフェ以外の行き先はほとんどありませんね。だから普通は学校に行きます」と言う。

それでも不登校を意味する中国語はある。「不去学校」と「逃学」という言葉だ。「去」は中国語では「行く」という意味で、つまり「不去学校」は「学校に行かない」ということになり、日本語の不登校に近い意味の言葉だが、「逃学」の方が一般的な言葉のようだ。しかし、「不去学校」や「逃学」が社会問題として認識されている状況ではないとのことだった。

子どもが頭が痛いとかお腹が痛いとか、どうしても学校に行きたくないと親に言うと、親は「一日二日くらいは休んでもいいと言います。でも休みが長くなるとちゃんと病院で検査をして、もし病気じゃなければ、学校に行かせるよ」というのだ。そのようにして学校に行く子が再び登校しようとすると頭痛や腹痛を訴えるということはありますか、と聞くと「親に反対して学校に行かない子はやっぱり少ないです。行きたくない子は学校に行って勉強をしない。宿題もしないし授業中もちゃんと先生の話も聞かない」という答えだった。学校が合わない理由で身体の具合が悪くなって長い間学校に行っていない子が病気扱いされているというようなことはないか、と聞くと「聞いたことないです。長く行かないことは聞いたことないです」と答え、そもそも学校を長く休む子はめったにいないというような認識だった。また、フリーター・ひきこもりというような言葉もないし、そのように呼ばれる人たちもいないということだった。

自殺をする子どもたち

中国では、数はそんなに多くないけれど、勉強を苦にして自殺をする子どもたちがいる。大学受験がある六月に特に多いのだそうだ。上海の近郊都市として発展している温州市で起きた中学二年生の女生徒の記事を見ながら話を聞いた。この生徒は期末試験に登校した際に髪が乱れていることを担任教師から校則違反ととがめられ、近くの売店でゴムを買い束ねて戻ったところ「数分の遅刻」を理由に試験を受けさせてもらえず、そのことを苦に池で入水自殺したという事件である。

「中学校に入るとすぐ将来どうするか決めます。普通は中学校を卒業して高級中学校に入らなければ就職します。だから初級中学校でちゃんと勉強しなければ良い高校に入れません。良い高校に入れないということは良い大学にも入れません」と言うように、学校の成績が将来を決めるというように考えられていて、小学校から高校にいたるまで勉強のプレッシャーは強く、中学以降は特に強まる。自殺の理由はこのような勉強・進学についてのものが多いというのだ。このプレッシャーは、経済発展している沿岸地域の大都市よりも、大学などの学校数が少ない地方の方が競争が激しくプレッシャーもより強く、自殺も地方のほうが多いのではないかと言っていた。

遊ぶことのできた私の子ども時代

一九七〇年代半ば生まれの戚さんが育った八〇年代前後から二〇年ほどしか経っていないが、子どもの経験は、良くも悪くもすごく違ってきているという。戚さんが子どもの頃は、あまり宿題はなく遊んでばかりだったと言う。学校から帰ってくると近所の子どもや同級生とゴム跳びしたり、漫画を読んだり、いつも一緒に遊んでいたのだ。だから、小さい頃の楽しい思い出がたくさんある。だけど、今の子どもたちは勉強と習い事で忙しくて遊びの中で感じられるような楽しい思い出が全然ないのだという。将来きっと後悔することになるのではと、憂いていた。

一方、今の子どもたちは進学、就職と小さい頃から具体的に考える環境で育っており、将来の目標を小さい頃から持っていることはいい変化だと言った。しかし、親は子どもの将来に自分ができなかった夢を投影する傾向があるのだそうだ。子どもが興味がないにもかかわらず、親がなりたくてなれなかった医者の夢を実現させたくて医学部に子どもを進学させようという親戚の話もある。以前は子どもが二、三人いる家庭が多かったが、今は一人っ子で親の関心が一人の子どもに集中して、小さい頃は思い切り甘やかし、進路は親の思い通りにさせる傾向があるのだそうだ。

改革開放による変化

改革開放は、毛沢東指導下での大躍進、文化大革命が終わったあと、鄧小平が主導した資本主義の経済原理を導入した改革で、一九七八年から現在まで続いている。今回訪問した上海も広州も改革開放で大きな発展を遂げた中心都市である。改革開放で上海の社会や教育がどのように変わったと感じているのかを聞いた。

まず、改革開放で物が豊かになったという。以前は物不足が深刻だったので、豚肉や米のような必需品を買うのに朝五時や六時などに起きて、配給券を持って何時間か並ばないと買い物ができなかった。しかも並んでも買えないこともあったのだそうだ。でも、「今ならどこでもお金があれば何でも買え」るのだ。

一方で、就職や治安が不安定になったとも言う。経済は成長しているというけれど、就職は楽ではないと人々は感じている。以前はすべて国営企業だったし、一度就職するとずっとそこで働いていた。でも、今はどんどん転職するようになってきて、職業も不安定なものという感覚になってきたと言う。

人間関係にも変化があり、関係が遠く冷たくなってきているというのだ。以前は近隣の人たちはお互いによく知っていて何かと助け合うのが当たり前だった。だから、「何かあればすぐ電話して助けてもら」っていた。今はそのような関係はなくなってしまっている。「私が今住んでいるマンションは一〇年も住んでいますけど、隣の人のことは全然知りません。何か聞こうと思ったときも、聞いてくれる相手はいない」という状況にある。人間関係が冷たくなっていく傾向はどんどん進んで、高齢社会の進展とあいまって、高齢者は施設で家族と切り離されて死んでいくことになるのではないかと言う。

教育に関する変化では、学校の設備が良くなったという。「昔の学校はピアノやコンピューターはありませんでした」ということだ。学校で教える内容も時期も変わってきており、「たとえば、私たちの時代は英語の授業は中学校の二年生からでした。今は英語は小学生や幼稚園から始まる」といった具合だ。さらに、以前はすべての学校は国公立であったが、今は民間の学校があって、お金があればいい教育が受けられるようになったというのだ。

また、高学歴化が進んだことも大きな変化だ。知識が重視されるようになったこと、仕事が見つかりにくい状況の中で学歴が重視されていることも影響が大きいのではないかという。高学歴化の中、この五年間で、大学卒業では十分でなく、修士号を取る人が増え、さらに博士まで取らなければと考えている人が増えてきているという。(朝倉景樹)

エッセイ――映画「CEO最高経営責任者」を見て

中国に行く前から教育過熱がすごいと聞いていたので、今の中国ではきっと、苦しさや葛藤、生き難さを感じている人がいるのではないかと想像していた。そして、その過熱ぶりを実際に目撃していく中で、だんだんと、これは大変なことじゃないかと思うようになった。もしも私が今の中国で子ども時代を送ったら、毎日すごく息がつまってしまいそうだ。日本でも、かつてその熱がすごかった時期があると聞くが、今の中国の方がもっと徹底的にやっているのではないだろうか。例えば、大学城をつくって高等教育をより徹底的に活性化させるなどというダイナミックなことは、日本ではやりたくてもなかなかできないような気がするのだ。

経済発展と教育過熱がどのように結びついているのか、私にはまだよくわからない。ただ、このことについて興味を持ち始めたのには、中国へ行く前に見た『CEO　最高経営責任者』（原題『首席執行官』、二〇〇二年、呉天明監督）という中国映画の影響がある。この映画は、実在する青島の冷蔵庫製造工場からはじまったハイアールという家電メーカーが、どんどん成長していき、国際的な大企業に発展していくさまを描いた映画だ。その映画の中で最も印象的だったのは、新卒の若い女子社員がその才能を見込まれて、ハイアールがヨーロッパ進出をするための責任者に抜擢されるシーンである。

彼女はまず、ヨーロッパの中でもっとも品質基準が厳しいとされるフランスの大手会社の社長に、ハイアールの冷蔵庫の品質の良さを認めて取り扱ってもらうため、パリに派遣される。そしてパリの大手企業の建物の入り口に冷蔵庫を運び、通りかかったその企業の社長に向かって、流暢な英語で一生懸命、粘り強くアピールをするのだ。最初は「なんだ、このしつこい小娘が、面倒だ」という程度にしか思っていなかった様子の社長がだんだんと折れていき、冷蔵庫を見てみると「すばらしい冷蔵庫じゃないか」と認め、自社で商品として取り扱うようになり、その後もハイアールとそのフランスの会社は友好関係を結んでいくという展開になる。そしてCEOは、彼女の後に続く若い社員たちに「彼女は現在海外推進本部にいるが、最初は作業員だった」「どこまで成功できるかは君たち自身にかかっている」と、説くのである。

今の中国はたぶん、『CEO　最高経営責任者』の彼女のような、国際的に通用し活躍していくような優れた人材を少しでも多く急速に生み育てていくために、教育にどんどん力を注いでいるのだろう。この映画で描かれているような、国際社会に追いつけ追い越せという勢いが現在の中国に蔓延しているのだとしたら、中国の子どもたちは修業期間という決して短くはない時の中で、たくさんのプレッシャーを強く受けながら過ごしているのだろう。そう思うと、どうしても彼らに対して憂いを抱いてしまうのだった。（石本恵美）

旅コラム

豫園商場（よえんしょうじょう）

まるで、神隠しにあった人々が行き着くかのような場所であった。夜の豫園商場は、そんな雰囲気に包まれて、迷い込んで来た人々が、買い物や食事を楽しんでいた。

石畳の小路には、橙色の明かりがこぼれた。両側には、商店が軒を連ねており、並べられた様々な品物が、宝石のようにまばゆく見えた。回廊の下をくぐり、小路を抜けると、昔ながらの東洋式建築物がそそり立った。立派な屋根の縁取りに添って施された電飾が、昼間とはかなり変わったであろう空間を演出していた。

幾重にも曲がり角がある九曲橋が掛かる水面には、ピンクやグリーンの光の線がはしっていた。池のほとりの料理店では、白衣を着た人の手によりショウロンポウが作られていく光景を、ガラス越しに見ることができた。それが蒸し上がると、蒸籠に積み重ねられて店内へと運ばれ、お腹を空かしてその時を待っていた人々の顔はほころんだ。

帰り際、豫園商場という不思議な街並みの中で、世界的に有名なアイスクリームショップやフィルムメーカーのロゴ看板を目にした瞬間、興ざめしてしまったが、これにより、この場所が現実社会であるということを認識させられた。（清水幹王）

広州

広州——二二〇〇年の歴史と近代化の嵐の中で

発展する街

上海から飛行機で南へ飛ぶ。時間にして二時間あまり、日本なら縦断できる距離である。あらためて中国の大きさを感じる。一昨年にできたばかりの新白雲空港に降り立つ。真っ白で、壁はほとんどガラスで作られた、吹き抜けを多用したオシャレな建物だ。

古くから港町として栄え、中華人民共和国成立後も香港が近いこともあり、中国の対外貿易港として機能してきた広州は、七〇年代後半の鄧小平の対外経済開放政策により、経済的に急速に発展した。そのため、広州市周辺には多くの基幹産業の工場が密集している。国際展示場があり、毎年大規模な展示会が開かれる。華南地区全体の行政的中心でもある。

空港からマイクロバスでホテルのある中心街へ向かう。空港近くはだだっ広い風景が広がっていたが、中心に近づくにつれて高いビルが増える。しかし、その密集の仕方は上海よりも常識的である。上海はビル群を見れば見るほど目がくらむようだったが、広州はビルの合間に空が見える。背の高い建物もあるが、背の低い、中くらいの建物もちらほら見られる。広州市の人口は約九九四万人。市街地区に約七〇三万人が生活している。街の様子は、上海に比べると人も建物もごちゃごちゃしていて、一昔前の新宿歌舞伎町を思わせる。

広州市には「羊城」という別名がある。羊に乗った五人の仙人が黄金の稲穂を残していったという伝説があるのだ。街のシンボルとして五羊石像があり、その公園は市民の憩いの場になっている。私たちが訪れた平日の昼間には、おばさん、おじさんが散歩、太極拳、足羽根つきをして楽しんでいる。上海の中山公園同様に、若者はいなかった。

歴史ある街

二二〇〇年の歴史ある街である。海のシルクロードの起点として発展し、日本ではだるまさんとして知られている達磨大師が最初に中国で降り立ったのがこの土地である。歴史があれば博物館がある。広州には多くの博物館があり、私たちも今回の調査の合間に西漢南越王墓博物館、陳氏書院などを訪ねた。また、広州は歴史のいろいろな舞台にもなった。近代だけでも太平天国の乱に始まって、革命の父・孫文の生誕の地でもあり、毛沢東をはじめとした共産党の指導者たちもこの土地を訪れた。

広州一の繁華街である北京路は、歴史の塵が幾層にも積み重なってつくられた道でもある。古くは宋の時代からこの通りは存在している。現在、近代化されたエネルギッシュ

広州の裏通り

な中国の人たちが通る同じ道を宋代の貴族や農民たちも通った。通りの真ん中、現在のコンクリート舗装の道の下に、宋代、明代の道が保存され、ガラスごしに見ることが出来る。その繁華街を歩く広州の人々は、やはり日本人と同じような格好をしてはいるのだが、上海で見た人たちよりも、もう少し素朴に見える。しかし、若者や大人はいるのだが、夕方過ぎになっても、中学校・高校年齢の子どもたちはあまり見られなかった。

食の街

世界中に中華街をつくっている華僑は、もともとはこの広東地域が出発地点である。私たちが中華料理として知っているものの多くはこの広東料理なのである。広州を語るときに食は欠かせない。食は広州にあり。通訳の万さんは「広州人は、空を飛ぶものは飛行機以外、四つ足はテーブル以外、二本足は親以外なんでも食べる」と言っていた。私たちもレストランで蛙の肉を食べた。また、広州市のシンボル、ハイビスカスのような赤い花である「紅綿」は、乾燥しておかゆに入れて食べる。体温を下げる効果があるらしい。夏になると気温が四〇度になるという広州ならではの生活の知恵であろう。（長井岳）

北京大付属中広州実験学校
――民営のエリート小中高一貫校

概要

この学校は、幼稚園から高校までを併設する学校で、名前のとおり北京大学の付属学校として二〇〇二年九月に設立された国有の民営学校である。学校はすぐそばに都市高速道路の走る中心部にある。敷地面積も広く、創立して間もない学校でもあり、とても大きくて新しい校舎が何棟もそびえたつ。一見日本の大学を連想させる規模である。

全校生徒は一八六六人。教師の人数は一四五人（他職員は除く）。一クラスの人数は小学校で約三〇人。中学・高校でも四〇人以下に抑えているそうだ。小学校から高校まで、すべてのクラスを併せると、現在五七クラスある。

この学校は家から通学する生徒もいるが、寮に入っている生徒は小学校から高校まで約一二〇〇人と全校生徒の三分の二である。在籍している生徒は広州市内からがほとんどだが、寮に入る生徒は多い。また実験学校という特色もあり、広州市外の出身者が少なくないというのもあるだろう。

他にも韓国、オーストラリア、日本人なども数名いる。寮に住む生徒たちは週末に自宅に戻り家で過ごすそうだ。

学費については通常の学校よりも高い。また、この学校の教師は全国一万人から選抜しており、もらえる給料は高いという。

学校の理念

この学校の教育目標は、子ども一人ひとりの発展のために、知らないことや知りたいことを知り、得意なところを伸ばし、創造力を養い、毎日前進していくことが目標とされている。「精品教育」という言葉があり、才能を持っている子どもを見つけ、その才能を引き出すことも大きな目的である。

私たちがインタビューをした会議室の上には「対孩子的一生負責」という標語のようなものが貼り付けられていた。これは、「子どもの一生に対する責任を負う」という意味である。また世界的な見地に立ってその先を見据えながら、中国独自の精神・価値観を養っていくことがテーマになっている。これらの理念は広州実験学校だけではなく、北京大附属の実験学校全体のテーマでもあるそうだ。小中高ごとにもテーマがあり、小学校は「興味」「習慣」「積極的に進む気持ち」、中学校は「思春期をどうするか」、高校は「健康の向上」である。

また、小中高一貫であるのは、同じ学校で長い期間教育を受けることで、より優秀な生徒を育て、未来の社会の中で実力ある人として成功してもらうためである。とにかく、中国を代表するエリートを輩出するための教育が行われているのだ。

入学について

小学校、中学校、高校への入学には試験がある。小学校と中学校は学校で独自の試験問題を作るが、高校は国の統一試験を経て入学する。倍率は、小学校で一〇〇人中七〇〜八〇人が合格、中学校は二分の一、高校は統一試験のため倍率はわからないが、この学校は、中国でもトップクラスである「北京大」というネームバリューがあり、新しい教育システムの確立を目指している実験的な学校であるため、評判が高く、受験競争は激しいそうだ。

経営母体について

この民営学校の経営母体について詳細に説明する。この学校は「北京大学付属中学校教育局投資会社（中国語では「北大附中中国教育投資有限公司」と表記）」が運営しており、広州実験学校の運営だけでなく、活動の種類は大まかに四つある。

①インターネット授業―中国全土一六〇〇ヶ所の学校にインターネットで授業を配信している。この授業配信システムは中国では一番大きなネットワークで、学校だけでなく家庭でも利用できるそうだ。

②学前教育―学前教育、つまり幼稚園を全国に四〇〜五〇ヶ所開設している。

③生涯教育―北京で一ヶ所開設している。日本でいう大人が通うカルチャースクールのようなものだと考えられる。

④実験学校―今回私たちが訪問した広州実験学校を含む実験学校で、中国全土に広州、重慶、成都、深セン、昆明の五ヶ所に存在している。

寮生活をしている中学生の一日

この学校の中学生のある一日を紹介する。主に寮生活をしている生徒のスケジュールである。

朝六時ごろに起床し、六時から七時まで朝食。七時三〇分から八時一〇分まで本読み実習を行なう。この時間にはすでに先生が来ていて、「国文（中国語）」と「英語」をやる。国文をやる理由に、正しい標準語を話すことが目標となっている。広州では標準語とされる北京語ではなく、日常では広東語を使用している。どんな勉強をやるにしても標準語は重要となるため、力を入れるそうだ。

午前中は四コマの授業を行う。授業の合間にある休憩の時間帯には目の体操や身体の体操を行っている。昼食をはさんで、午後は四コマで、うち選択授業が一コマある。選択授業は総合や体育などの授業が用意されている。午後五時三〇分に授業は終了。寮に戻り夕食やシャワー。七時から学校の選んだテレビのニュース番組を見る。その後、午後七時三〇分～九時三〇分の間に自習や宿題を済ませ、就寝する。

なお小学生は夜の自習時間が一時間短い八時三〇分までと言っていたが、いずれにせよ、学校以外のスケジュールにもしっかりと勉強時間が組み込まれていることが印象的である。宿題は自習時間のほかにも、授業の合間などにもこなしているとのことだった。

授業の様子、生徒の様子

小中高の授業を見学させてもらった。生徒たちは小・中・高それぞれ指定のジャージで授業を受けており、どの授業も教師がとても熱心に教えていたことが印象的だった。教室内の様子は日本の学校とさほど変わらないが、決定的に違うものとして、生徒が見つめる黒板の上に「愛国、進歩、民主、科学」と赤い字で大きく書かれ、その中央には中国国旗がかざしてあった。この標語、国旗はすべての教室に貼ってあり、私たちにとってはとても印象的かつ違和感を持つものであった。以下に見学したそれぞれのクラスの様子を紹介しよう。

【小学校】

小学校三年生のクラス。授業は国文の時間で、この日のテーマは〝我（自分）〟だった。「わたしは誰？」という先生の質問から、それぞれ自分のイメージや特徴を挙げていき、それを先生が黒板に書きとめていた。書きとめた内容は、それぞれの顔の特徴や性格などで、時々生徒が前に出てきて鏡を持ち自分を見つめて特徴を探したりしていた。特に印象的だったのが女性の先生の熱心さで、甲高い声とともにテキパキと子どもたちに質問を投げかけ、回答させていた。このクラスの男女の比率は女子九人、男子二五人で男子が多かった。元気な子が多く、先生に応えて熱心に授業に集中している雰囲気であった。

【中学校】

国文の授業を見学。小説の一部を読み解くという内容である。黒板の左に置いてある大型モニターに授業のポイントらしきものを表示しながら、先生が生徒を指して回答させていた。時折近くの人たちと話をさせる時間を持ち、その後それぞれが意見を発表する場面も見られた。「勉強をする」という意識がよ

小学校の授業風景

り強くなっているようで、生徒たちは真剣なまなざしで黒板に向かっていた。小学校より静かな雰囲気であった。見学中、教科書を見せてもらったが、ある子の教科書には、余白にびっしりとメモが書かれたページがあった。男女の比率は半々ぐらいである。

【高校】

物理の授業を見学。ニュートン力学第三定理をロケットや模型を使って説明していた。ここでも、黒板の左にある大型モニターにパワーポイントでアニメーションを流していた。女子五人と男子二二人で男子が多かったのだが、これは選択授業の中の理科系だということで男子が多くなっているそうだ。小中学校と違って特徴的だったのは、それぞれの机の上に、高く積み上げられた教科書があったということ。人によっては二〇冊ほどの教科書がうずたかく積まれていたりした。中にはアイドルの写真が載った小さなカレンダーを置かれている机もあった。また人によって飲み物を持ち込んでいた。

中学校の授業風景

学校での問題は

副校長に学校での問題についてインタビューしたところ、中高で一番問題となっていることに、男女交際が多すぎることが上げられた。学校では男女交際は禁止されており、「精神と健康」という授業の中で、男女交際に関する授業を行ない、異性への興味を勉強に向かうよう指導しているそうだ。

また、高校の教室の壁には、生徒の将来の目標が貼られており、一つ印象的な書き込みがあった。そこには生徒の顔写真とともに将来に対するコメントが書かれており、ほとんどは「私は将来医者になりたい」とか「弁護士を目指してがんばりたい」などのメッセージが書き込まれている。しかし、ある男子生徒のメッセージには、「私は不安定に慣れている、さびしいことに慣れている」といった、ネガティブなコメントが書かれてあった。エリート教育を受け、成功する人間に育てられようとしている学校の中で、このようなことが書かれていたのは切ない部分だ。エリート校で過ごしている生徒の中で、苦しい思いを持っている人がいるのだということを印象付ける張り紙だった。

副校長に不登校の生徒がいるのかどうかについても聞いてみたが、明確な回答は得られなかった。

高校の授業風景

この学校と生徒たち

生徒たちは休憩時間になると私たちのところに集まってきて、興味を示しているようだった。休憩中の小学校や中学校の子どもたちは、元気だったが、高校生は小中学生と比べて少し静かに、また疲れているような印象も持った。

先ほど書いたように、掲示板のメッセージに自らのことについて悲観的な書き込みがあったりすることからも、学校生活を辛いと感じていたり、時にいじめに似たようなことがあるのではないか、また孤独を感じている子どもがいるのではないかという想像が湧いてくる。そのところをしっかりと見ることができなかったのは、時間の制約があったにせよ、とても気になることである。

私の感想では、見学する前に抱いていたものとして、国家的思想やエリート教育によるより強く管理的な教育イメージだったが、実際は日本の進学校に近い雰囲気だという印象を持った。ただ、私たちが見たのは短い時間のほんの一部分に過ぎず、管理的、また政治的な影響というものは見えていないだけで、まだまだ違った場面が存在しているのかもしれない。さらに知りたいことは多く残った。（須永祐慈）

エッセイ　盲流――地面をなくした人々

広州駅はホテルからほんの五、六分だった。広州駅を抜ける。インドの鉄道を思わせる、とても大きな駅だ。駅の前には、これまた大きな広場がある。人の動きが激しい。せわしく歩く人々。反面、所在なげに広場の隅に固まっている人々がいた。家族連れや中年の男性、女性、若い女性、男性。少年、少女。ノースリーブに、Tシャツ。傍らにスーツケース。彼らは一様に軽装で、やっぱり何かを待っているように見えた。パトカーもいた。リリーフ投手をマウンドまで届ける時に出てくるような小さな四輪車が、警察官を二人乗せて、広州駅の広場をうろうろしていた。

「離れないでね」

通訳の万さんが声をかけた。パトカーがいるということは、それだけ危険だということだ。僕はその危険さにピンとこなかった。インドやニューヨークで感じたような、剥き出しの危険は、ここにはないように感じた。それでも、そそくさと列の前の方に向かった。

夜。広州の街の様子や、市の象徴の真っ赤な花、有名なホテルを見て、美味しい広東料理をごちそうになった後、また同じ道を歩いた。日はすっかり落ちて、街灯やイルミネーションが人を照らす。その照らされた先に、昼間と同じように、人々がいた。昼間と比べると、座り込んだり、所在なさげに立ちすくむ人の数が増えている。人、人、人。広場の隅だけでなく、そこかしこに、スーツケースを真ん中に数人がかたまりをつくっている。途方にくれた人々。彼らの視線が突き刺さるように感じる。怖い。この場所から一秒でも早く、安全なホテルに戻りたい。自然に足どりが速くなる。

「駅の前にいる彼らはどういった人たちなんですか?」

帰り道、万さんに聞いた。万さんは息せききってたくさん話してくれた。万さんはたくさん話す人なのだ。総合するとこんな感じだ。

「彼らは田舎に住んでいた人たち。田舎で仕事がなくて、広州に行けば仕事があると思って出てくる。出てくるけれど仕事がない。彼らはあても何もなく出てくる。時に家族で丸ごと出てくる。泊まる所もない。そうしてお金がなくなって、途方に暮れる。お金がないから、もといたところに戻ることもできない。田舎から出てきたばかりの人々をだます人もいる。お金がなくなるから、人から物を盗ったりだましたりする。その彼らは広州に限らず、北京や上海などの中国の大都市が一様に抱える問題」

この話は、中国にくる前に読んだ本と重なった。中国の人口の半分以上は農民だが、彼らは、工業、都市偏重の政策の中で苦しい立場に置かれ、農業だけで生活することが困難になっている。また、共産主義国である中国では、土地は基本的に国のものである。国は、開発をする時に、農民の土地を取り上げることができる。土地を失った農民は、職を失い、十分な補償も受けられず、仕事を求めて都会に出てくる。

一日の日程が終わって、眠る前、ホテルの部屋から広州駅を見ると、オレンジの照明に大勢の人たちがちらちらと浮き上がり、パトカーがその間を動いているのが見えた。

彼らのことを考えると怖い。彼らを思うと、地面がなくなるような恐怖を感じる。盲流。何も見えなくなって、流される。流されることの恐怖？　違う。地面を失う恐怖。自分が生きていく上でのとても大事なものを何もかも失ってしまうような恐怖。目をつぶって、それでも前に、前かもしれない方向に歩いていかなければいけないような恐怖。小さな頃に、いつか自分が死んでしまってこの世界からなくなってしまうことを考えたり、一般の大学を辞めてシューレ大学に入った時に感じたような恐怖感だ。

地面を失ってしまうような恐怖感。考えてみれば、これまでの人生の中で何度かそのような恐怖感を感じたことがあった。そして、そのたびに僕は、僕を支える、しがみつく対象を探した。

中学生の時、僕は、校則運動に敗北し、不登校を選び、高校へ進んでいく友人たちを片目に見つつ、自分の将来に大きな不安を覚えた。その時に僕が選んだのは、「強さ」という名の就職だった。働くことに希望が見出せなくなった時には「知識の強さ」という名の学歴志向を求めた。サポート校に絶望した時には、「東京の大学」という、学校歴志向、中央志向を求めた。

考えて、考えて、選んだはずの「選択」。そのたびに僕は、社会の大きな仕掛けに呑み込まれていった。そして、より苦しくなっていった。

盲流。広州の駅前に立ちすくんでいる、この人たちは、確実に人間で、一人一人、それぞれの人生を必死に生きている。彼らは、悩み、考えて広州に来ることを選んだ。しかし、広州に来たことで、よりにっちもさっちも行かない状況に追い込まれている。

僕は、中学校の不登校以来、追い込まれつづけてきた。自分の意志で、その時の自分にとって、より確かな道を選んできたにも関わらず。何が僕を苦しめてきたのか。何が彼らを苦しめているのか。その根は、同じところにあるような気がする。もう少し考えたい。今ここにいる僕はどうなのか。僕も、けっして充分に自由ではない。何が僕を縛るのか。何が僕を不自由にするのか。その根幹はどこにあるのか。五年前、シューレ大学に入った頃、その大きな一つは不登校だった。今は何だ？　今、何が僕を縛る？　今は、何が、僕たちを縛る？　遠くて、近い中国で、その答えの一角に、触れられた気がした。（長井岳）

広州駅前
座りこむ人々

広州美術学院付属中等美術学校

――美術専門の進学高校

概要

広州美術学院付属中等美術学校は国営の美術大学、広州美術学院が併設している国営の高級中学である。美術学校の名が示す通り美術教育に重点が置かれているが、それのみを専門に学ぶのではなく、普通高校と同じ授業も行われている。このような美術大学付属高級中学は現在、中国全土に八校設立されている。

広州美術学院付属中等美術学校は一九五四年に設立された。当初は四年制高級中学としてスタートしたが、二〇〇五年度より三年制となる。二〇〇六年現在、生徒数は六八〇人、学科・専門合わせて七〇人の教師が在籍している。

学校は広州駅から南へ七キロメートルほど行った広州美術学院のキャンパス内にある。門前には検問所があり、無断で敷地内に入ることはできない。普段学生が授業を受ける本棟は四階建て、赤茶色をしたレンガ壁の建物である。内部にはデッサンや作品制作を行う美術教室、数学・国文など普通高級中学と同じ授業を行う教室、デザインのクラスで使用するパソコンルームなどがある。他にも広州美術学院中等美術学校の施設として敷地内に男女別の寮や、学生の作品を展示するギャラリーがある。

学費は年間五八〇〇元（日本円にして約七五〇〇〇円）、寮費は年間一二〇〇元（約一五〇〇〇円）かかる。ただし外国人は別計算で、学費だけで年間二四〇〇〇元（約三一〇〇〇〇円）を支払わなくてはいけない。

入学

広州美術学院付属中等美術学校に入学するためには、毎年四月に実施される入学試験に合格しなければならない。入試の受験には中学校の卒業資格が必要で、広く全国から受験者がやって来る。入試は実技と学科試験に分かれており、それぞれの出題比率は年によって違う。実技試験ではデッサン・スケッチ・色彩の実力を試され、学科試験は英語・文学・数学の三科目から出題される。合格の基準は年によって変わる。しかし、だいたいの場合実技試験で八割、学科試験で七割以上正答していれば合格できるそうだ。

広州美術学院付属中等美術学校には毎年八〇〇から一〇〇〇人の受験者がやって来るが、晴れて入学できる者は一五〇〇人から二〇〇〇人しかいない難関校である。そのため多くの受験者は学校での勉強以外にも、入試対策として塾に通ったりと、相応の準備をして試験に臨んでいる。広州美術学院付属中等美術学校も受験生のために夏期と冬期の二期、短期集中の入試対策クラスを開講している。

授業

広州美術学院付属中等美術学校の授業の主な目的は全国の美術大学へ進学する力を生徒につけさせることである。中国ではすべての大学に入試があり、それは大学の付属校とて例外ではなく、無試験で大学に入学することはできない。広州美術学院のような有名大学に進学するためには高い受験能力が必要なのだ。そのための学力を養うことを第一に、広州美術学院付属中等美術学校の授業は組まれている。

広州美術学院付属中等美術学校の授業は大きく二つ、学科と専門に分けられる。学生たちは学科の授業で普通学校と同じ科目を学び、専門では美術の基礎・伝統美術・デザインを学ぶ。二〇〇六年現在、全カリキュラムのうち六割が学科の授業にあたり、残り四割が専門の授業となっている。この割合は昔から一貫しているわけではなく、以前は学科と専門それぞれの授業の割合は同じだった。年々上昇する大学入試のレベルに対応するために、学科の割合を増やしていったのだという。

授業は全て必修であり、選択授業は存在しない。

クラスの人数は授業によって異なる。専門では二六人、学科では五〇人から六〇人が一クラスで授業を受けている。

一日の授業数は午前に四コマ、午後に四コマの計八コマである。授業時間は一コマ四五分で、授業と授業の間に一五分の休み時間がある。

授業内容について特筆すべきは、やはりその専門性にある。美術の授業では四週間ごとに新しいテーマが提示され、学生はそれに沿った作品を制作する。出来上がった作品は学生自身の手によって学生専用のギャラリーに展示される。新しいテーマが提示されると展示作品もそれに沿って更新される。学生や教師は自由にギャラリーを訪れ、作品を鑑賞できる。私たちがギャラリーを訪れた時も、幾人かの学生がそれぞれの作品を眺めてはコメントをし合っていた。

生徒

二〇〇六年現在、全校生徒六八〇人のうち六~七割を地元の広州市出身者が占めている。三割は他地域出身の生徒だが、他に韓国や台湾からの留学生もいる。男女の割合は女子生徒の方が多く、全体のおよそ三分の二にあたる。昔は

授業風景

絵画の授業風景

逆に男子生徒の割合が多かったそうである。親が芸術関係の仕事に就いているという生徒も全校生徒のほぼ三分の一と多い。学内の寮には四五〇人の学生が入っており、一部屋あたり四〜六人の学生が生活している。

学生の服装は自由で制服の着用義務はない。見かけた学生たちはカラフルなシャツやジーンズといった、日本の街中でも普通に見かけそうな格好をしていた。自習時間であったが授業中、教室で携帯電話をいじっている生徒もいた。服装や所作から受ける印象では日本の若者とあまり変わりはない。

学生は全員、美術大学への進学を目標に広州美術学院付属中等美術学校に入学しており、卒業生の九割がその目的を果たして美術大学に進学、うち半分以上が広州美術学院に進学している。残り一割の大学に進学しなかった（できなかった）卒業生は、就職したり専門学校に進学したり海外に留学したりといった道を選んでいる。

不登校について

校長の話では、広州美術学院付属中等美術学校には不登校の生徒はいないとのことだった。

広州美術学院付属中等美術学校では基本的に病気理由以外での長期欠席は認められておらず、病気理由で欠席する場合には学校に医師の診断書を提出しなければならない。診断書が提出されない場合は無断欠席とみなされ、処分の対象となる。

　無断欠席に対する処分は厳しい。一学期に授業を二〇コマ無断欠席すると警告が与えられ、七二コマ無断欠席すると退学になる。学生は処分を受けないようにがんばって登校して授業を受ける。校長によると警告処分を受ける学生は年間一〇〇人に二人程度で、退学になった学生は過去五〇年で二～三人だけだという。

「大学進学という目的がはっきりしているので、みんながんばっている」と校長は言っていた。がんばれない、学校に来れない生徒は学校を辞めざるを得ない。だから不登校は広州美術学院付属中等美術学校には存在しないということだろうか。校長に限らず、教師の、不登校に関する質問の応えが要領を得ない感じだった。教師も言葉の意味を捉えかねている様子で、「不登校」という概念が教育の現場に浸透していないような印象を受けた。（高橋貞恩）

学生専用ギャラリー

広州大学城——学園都市が一つの島に

概要

広州大学城は広東省内の有名大学一〇校がキャンパスを構える学園都市の名称である（「城」は中国語では街という意味に近い）。広州大学城は広東省広州市番禺区の河上にある島に位置しており、島全体がその敷地となっている。敷地は広大で、およそ一七平方キロメートルあり、中東クウェートの国土とほぼ同じ面積を有している。

現在広州大学城内にキャンパスを構えている大学は、広州大学・華南師範大学・広州美術学院・中山大学・広州外国語大学・広東医薬大学・星海学院（音楽大学）・華南工学院・広東工学院・広東薬学院の一〇校である。いずれも広東省内屈指の有名大学で、その専門・分野もそれぞれ多岐にわたっている。また各大学の大学城への関わりかたも様々で、大学の機能をまるごと移転させてきた大学もあれば、学部や機能の一部だけを大学城に移している大学もある。

大学城に入るには広州市内より続いている高速道路を使う。城内には地下鉄も通っており、大学城南北にひとつずつ駅がある。また城内を循環するバスが運行している。

各大学には寮・食堂といった生活施設が整備されている。寮は大学城内の大学に在籍している全ての学生を収容できる。

二〇〇六年現在、大学城内の大学に在籍している学生の総数はおよそ一八万人。以後その数は増加傾向にある。

成り立ち

高等教育機関進学率は年々増加しており、特に都市部の大学では、増え続ける学生の数に大学の設備が対応できない、充分な敷地を確保できないといった問題まで出てきている。広東省でも同様の問題が顕《あらわ》れており、問題の解消と高等教育の充実と教育環境の整備を目的として、省内の優秀な大学キャンパスを一ヶ所に集めた学園都市＝大学城が計画されることになった。

計画の立案施行は広東省教育局が行っている。どの大学を大学城に入れる、招聘する大学の選定も教育局が担っている。二〇〇六年現在、城内にキャンパスを構える一〇大学は全て教育局の招聘に応じた大学である。キャンパスの移転・施設の建設にかかる費用は全て大学の負担となる。広州大学城ではそれらの費用を国が低金利で大学に貸し出すというかたちをとっている。その借金は長期返済が可能である。

用地の選定は広東省教育局によるが、少なからず国の思惑も関係しているようだ。用地として選ばれた島には人が住んでいて、もともと村があったのだが、用地確保の命を受けた国営企業が一帯の土地を買収して住人を立ち退かせてしまった。

そして二〇〇二年、広州大学城の建設が始まる。現場作業員の労働スケジュールが二四時間三交代制という昼夜問わずのすさまじい突貫工事だったと言う。その結果、翌二〇〇三年には一応の完成を見、学生の受け入れが開始される。

二〇〇六年時点でも、大学城内各所で工事が続いている。

特徴

大学城は広州だけではなく、上海・福建・湖南など中国各地に存在している。どれも一〇万人規模の学生を受け入れ可能な施設である。このような大学城の建設は各地で進められており、今もその数を増やしつつある。ほとんどの大学城は都市郊外に建設されており、どこも広大な敷地、充実した教育設備・機能を有している。

その点、広州大学城も例外ではないが、中でも広州大学城ならではという特徴がある。それは広州大学城が河川上の島に建設されているという点である。島には高速道路の高架橋が架けられ地下鉄も開通しているとはいえ、外界へのアクセスはおおむね不便で、なにより島という環境それ自体が持つ隔離性は、他の大学城とは一線を画している点と言えるだろう。二〇〇六年現在、島ひとつをまるまる敷地としているのは広州大学城のみである。

校舎・施設

城内にある各大学の校舎の建設はただ一社が請け負っている。それ故だろう、大学城内の建物には統一感があり、どこに行っても色違いの同じデザインの建物が同じように建っている印象がある。どの大学もキャンパス内に多数の校舎を建てている。校舎一棟あたりも巨大で、その内部にある部屋数も膨大である。今回、城内を案内してくれた広州美術学院の先生は「校舎が大きすぎて、とても全ての棟を把握できない。自分の受け持っている研究室や教室以外は同じ棟でもよく知らない」と言っていた。

《以下は広州美術学院のキャンパスに関する記述である》

棟と棟の間、キャンパスの各所には植樹がなされ、学生が休めるようなベンチも備えられていた。他にも、体育館や屋外バスケットボールコート、サッカーの試合が出来そうな本格的なスタジアムといったスポーツ施設があった。

コンピュータ室や陶芸室、金属加工室といった学部・大学ならではの特殊教室の設備も充実している。とくに設計科には高価（日本円にして一台一〇〇万円以上）なコンピュータが何台も学生用に用意されており、プロと同等の機材が揃えられた本格的な撮影スタジオもあった。図書館も大きい。蔵書の数もさることながら、閲覧室の広さも特徴的で、広大なスペースに閲覧用の長机がずらりと何脚も並んでいた。

右記のような教室・講堂などの教務区画と寮や食堂などの生活区画ははっきりと分けられている。広州美術学院では、まるで新興都市の駅前のようにそれぞれの建物が高架デッキで結ばれており、校舎から直接食堂や寮に移動できるようになっていた。

食堂は四階建てで、一般的な日本の大学食堂と比べてとても広い。

寮は食堂のすぐそばにあった。正確に数えられなかったが一〇階建て近くはある建物だった。一部屋に四人から六人の学生が暮らしているのだという。

食堂・寮といった施設、校舎のつくりは各大学ともおおむね共通だと思われる。また広州美術学院の設備を見る限り、学部ならではの専門性の高い設備の水準も非常に高く、高価なものを使っているようである。

また城内には広場や講堂といった学生が自由に使える全大学共有の施設もあった。

メリットとデメリット

広州大学城は、島というある種、閉鎖空間の上に造られた大学キャンパスの集合体である。

複数大学がひとつ所に集まることで利点が生じ、それ故大学城が造られたわけだが、その利点として大学間交流の容易さが挙げられる。広州大学城では「大学・学部間を越えた共同授業や他学部・他大学の授業の聴講」、「各大学設備の共有化」、「院生・教授による大学・学部を越えた共同プロジェクト」といった計画が立てられ一部は実現、稼働している。こうした交流は遠方の大学同士では難しく、特に異分野の大学間交流ともなると、距離によるコミュニケーションのとりづらさが大きな障害となる。大学城においてはそうした障害はあまりなく、大学間の交流がよりやりやすくなっていると言えるだろう。

一方で大学城は閉鎖空間故のデメリットも内包していて、特に大学城の学生や先生は生活面で不満を感じている。大学城内には、街中にあるような娯楽施設は一切なく、食事も学食で給されるものが唯一である。買い物や遊びに行くにはわざわざ大学城＝島から出なければならず、自転車しか交通手段がないような学生にはつらい環境であろう。

学生だけでなく教員たちにも宿舎が用意されているのだが、大学城内に住まっている人はあまりいないそうである。ほとんどの教員は島の外、広州市内より車で通勤してきており、食事も学食でとらず外で食べるのが常だという。「大学城で生活はできるが、できれば住みたくない」――教員も学生もそう思っている。（高橋貞恩）

大学城の様子

広州美術学院——学生との交流から

概要

広州美術学院とは主にデザイン、西洋美術、中国の伝統美術などを学ぶ広州市にある大学である。創立が一九二〇年代と、長い歴史のある中国全土の中でも非常に評価の高い美術大学で、過去にも数多くの有名な画家や彫刻家などを輩出している。卒業には卒業論文と卒業制作の作品を創る必要がある。

キャンパスは二つあり、ひとつは旧市街にある。古くからその場所をキャンパスとして利用しており現在は大学院、社会人用コース、付属の高級中学校、教職員の住宅、美術館などがある。また大学が経営する公司などもある。大学院生は約二〇〇人の学生が在籍している。美術館は四階建ての広く綺麗な建物で、卒業生の作品も展示されている。

もうひとつのキャンパスは大学城にあり、こちらは二〇〇三年から利用を始めている新しいキャンパスである。現在は一年生から四年生まで約三〇〇〇人の学生が活用している。キャンパスの広さからいうと、もっと多くの人を入れられるそうで、計画では四〇〇〇人くらいを予定している。

キャンパス移転

大学城に新しいキャンパスを作って良かったことは、以前よりも面積が二倍以上も広くなり、学生が勉強をする環境がとても整ったことである。また教員一人に一つの研究室を用意するなど、教員が仕事をする環境も良くなった。

しかし新キャンパスは市街地から離れており、まだ交通の便も悪く、多くの教員は家からの往復に時間がかかる。また、ほとんどの郵便物が旧市街のキャンパスに届くため、定期的にそれを取りに行かなければならないなど、不便な点もまだいくつかある。大学城の中には教員が暮らす住居も用意されているが、旧キャンパスから遠いことや、交通の便や買い物など生活に何かと不便ということから、入居者は少ない。

大学に入る理由

広州美術学院のデザイン学部で学ぶ一年生と授業の終わりに質疑応答を行なった。講堂にはおよそ一八〇人の学生がおり、日本から来た私たちに興味津々といった感じだった。学生の出身地は、広東省が七割ほどで、そのうち広州市出身者は一割程度である。他には上海など他省県から来た人や留学生もいる。そのほとんどが大学のすぐそばにある寮で生活している。寮は四人部屋で、ご飯を炊くぐらいの自炊もしている。

この大学を選んだ理由を尋ねたところ、美術大学では有名なところだから、自分の兄もここの大学生だった、自分に合うところだと思っているから、という答えがあった。また、いっぱい勉強して国の役に立つため、みんな国を愛しているからここに入るという発言もあった。本気でそう思って言っているというよりは、冗談半分に言ったような印象で、その発言を聞いた他の学生たちも大爆笑だった。どのくらい受験勉強して来たのかというと、朝から晩まで、短い人は三ヵ月、長い人は三年つまりは高校時代の全部を費やして入ってくる人もいる。

午前二時まで宿題をする

大学での勉強は、彼らの言葉によると高校より「自由」である。それは、大学は授業を選べ、学べる範囲が広いからである。勉強に限らず、生活全般も「自由」と感じている。確かに、大学は日本と同じように授業を選ぶ選択肢は、高校までよりもはるかに広いのであろう。大学城という環境もあり、他の大学の授業を取ることもできる。講堂に集まった学生の三分の一ほどが、自分の専門に近い他の大学の授業を取ったことがあった。しかし、彼らの毎日の生活は決して楽とはいえない。典型的な生活を聞いたところ、早朝七時か八時に起床し、八時四五分から一時限目が始まる。十二時に食堂で昼食をとり、午後一時から授業が始まる。終わるのは四時半である。また、七時から九時に夜の講座があり、宿題をした後、就寝する。就寝は、午前一時か二時ごろである。

宿題が終わらないことは、彼らにとってやはり苦痛なことである。ある学生によると、宿題は、十二科目から出される。一週間に一〇〇〜一五〇枚も絵を描かなければならない。日本のマンガ「スラムダンク」が大好きな女子学生は、大学のバスケットチームに所属している。試合に出たりもするが、授業や宿題などで練習する時間があまりなく、あっさり負けてしまってくやしいと言っていた。

デザイナー!

大学生活の楽しいことについて聞くと、絵を描くとか専門の授業が一番楽しいという答えや、毎日が充実しているという答えが返ってきた。また、将来の夢は何かとの質問には、全員が大きな声で「デザイナー!」と答えた。学生たちはデザイン学部だから当然でしょう、という感じの答え方であった。しかし、例えば、日本の美術大学のデザイン学科などで同じ質問をしたら、果たして、どれだけの人が迷いなく「デザイナー」と答えるだろうか。広州美術学院は、

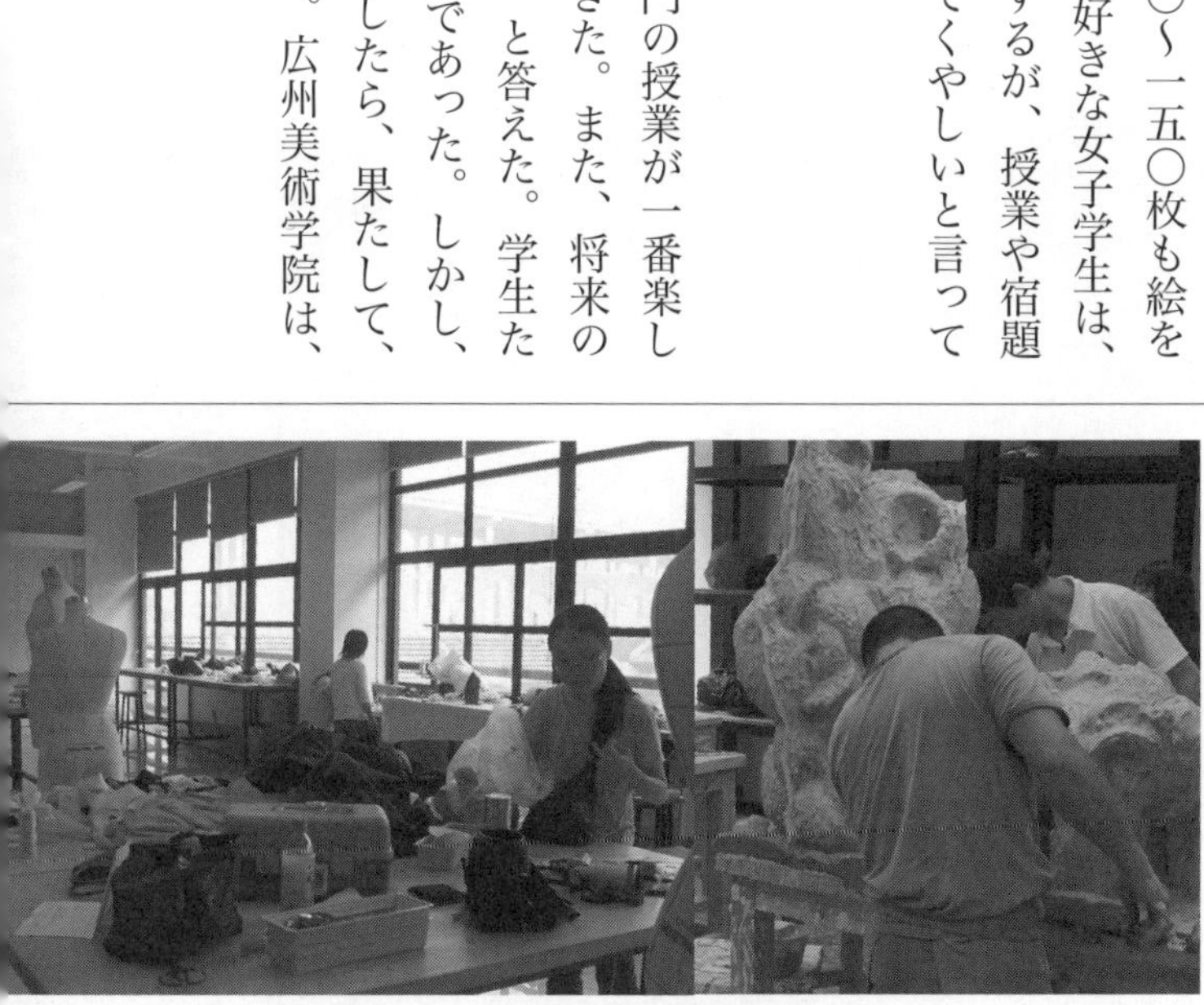

制作風景
服飾（写真左）
造形（写真右）

就職率が高く、多くの学生がデザイナーになれる環境が用意されている。また、中国社会自体が、明日はもっと明るくなる、という希望を前提として持っている。受験競争を勝ち抜いて中国美大三本の指に輝く広州美術学院に入った彼らは、この時代の空気を吸って、勃興する中国社会を体現している。

最後に

質疑応答をした学生たちはとても明るいというか、開放感みたいなものを感じた。一年生ということもあって、高校時代の受験勉強から自由になれたことが影響しているのだろうか。授業や宿題などの話は、とても大変そうに思えたが、あまり不安を感じている印象は少なかった。彼らにとっては、大学を出てからの「約束」された未来への希望の方が大きいのかもしれない。その彼らの目には、広州の駅に集う「盲流」たちは、果たして、どのように映るのであろうか。

目覚しい発展を遂げる中国の経済を支える一人っ子世代。今後、彼ら彼女たちと共に中国がどうなっていくのかとても気になるところだ。（荒尾俊樹・長井岳）

学生のみなさん

旅コラム

陳氏書院（ちんししょいん）

昔、清の時代に、「陳」という姓を持つ人たちが、資金を出し合って建てたものであり、当時は、学びの場として活用されていたらしい。大きな門構えをくぐると、落ち着いた色合いの世界が広がっている。敷地内を、厳かなこげ茶色の廊下が縦と横に通じて、この建物全体の輪郭を形成している。天井には、朱色で楕円形の提灯が連なる。廊下によって区切られた平らな庭では、木々の緑色の葉や、手入れをされた鉢植えが、空間に風情を添えている。そして最も印象的なのが、屋根の上にまんべんなく施された彫刻である。そこには、古典の登場人物たちが、物は言わぬが、生き生きと時代を越えて存在しており、今でも陳氏書院を見守っているようである。

現在、建物の内部は、工芸品の展示場としても利用されており、象牙細工や陶磁器など、手の込んだ広州芸術をじっくり鑑賞することができる。右手奥の部屋には、目にも鮮やかな絵が、額に入れられ、壁に掛かっている。草木が茂る野山の風景や鳥が飛ぶ風景であるが、どの絵にも光沢感があり、陳氏書院の深い色調とはだいぶ違っている。よく見てみると、これらの絵は、絵の具などの画材によって描かれた物ではなく、全て一本一本の色とりどりの糸によって刺繍されていたのである。（清水幹王）

エッセイ——一九七〇年代の興奮と空虚

きっと一九七〇年代の日本はこんなだったのではないだろうか、と二都市を訪ねながら思った。経済成長が加速していて、まさに生き馬の目を抜くような社会があり、野心を持って時流に乗る者はとてつもない成功を収めるチャンスがあることが感じられる。そこに教育も大いに強いつながりを持っている。

中国の学校は午前四コマ、午後四コマの一日八コマで、授業が終わったあとも夜一〇時まで学校で勉強するのは当たり前だという。中国のある知人は、「中国の子どもたちは日本の子どもたちより強いから大丈夫」だと言う。より良い学校でより良い成績を取り、更に上の学校を目指す。その意欲を中国の子どもたちは持っているというのだ。人事を尽くして天命を待つという言葉があるが、出来うる限りの努力をして、より高い学歴をより良い学校で得る、そこでより多くのことを学ぶ。そのことが自分の将来を拓いて行くのだという。子ども・若者、そしてその親にできる「人事を尽くして」がそのようなより高い教育を懸命に受けていくこととその支援、叱咤激励というようなことになっているようだ。

確かに、中国の子ども・若者はよく勉強している。大学に入るまでがとても激烈だけれど、大学生になってからも日本の大学とは比較にならないほど勉強をしているようだ。大学生たちに聞いたらそれぞれの授業で出る課題をやっていると寝るのが夜の一時、二時になり、それは特別なことではないのだという。

広州美術学院でお世話になった三〇代前半の講師は、コンピューターを使った静止映像や動画を使った美術を担当している。変化が早い時代の中で、彼の学生時代はこのような美術を学ぶことは出来なかったから独学で学んで教えている、と言う。中国でも最先端の一つに数えられるこの大学のデザイン教育も急速に日本や欧米のやり方に近づきつつある中で、決して最前線を教えているとは言えない。恐らく現場では大学でまったく出会ったことの無いデザインをしなければいけないことも多々あるだろう。そもそも、大学の専攻どおりに就職をするわけではない。デスクワークのサラリーマンになることもありえるだろう。深夜一時、二時までこなしている課題は勿論無駄ではないけれど、その課題をこなさなくても仕事の現場の最前線にはあまり関係の無いようなものもたくさん含まれているだろう。あのような大学教育は日本ではできないだろう。中国の学生たちは「あなたたちが今やっていることは将来役に立つと言えるのか」と問われれば「役に立たないものがあるかもしれない」とか「直接は役に立たないだろう」と答えるかもしれない。役に立たないかもしれないことを睡眠時間を削って深夜までどうしてできるのだろうか。そう考えると、日本でこのような大学教育を出来ない理由の方がわかりやすいように思える。

中国の学生が、前記のように答えるとしたら懐疑的であるにもかかわらず深夜まで課題をこなしているかのようにとれるけれど、きっとそんなことは無いのだと感じた。「今やっていることは将来役に立つのか」というような問いかけをきっとあまりしないのだろう。むしろ、それぞれの学校段階で人事を尽くすことが、自分の将来につながるという漠然とした前提があるようだ。だから、今やっていることが役に立たないかもしれないなどと、ほとんどの人が疑いもせず日々勉強を続けるのだ。営業のサラリーマンが疲れて仕事を終えて帰ろうと思う時にさらにもう一件回ろうと努力することが、自分の業績を上げ、それが自分の幸せと会社の成長につながると信じられる社会であるようだ。一生懸命勉強すること、少しでもいい成績を取ることが自分の将来を良くすると疑わずに思い込めているようなのだ。

しかし、全員が疑問を持たないわけではない。今回行った上海や広州のような都市にはすでに「自分は生きたいように生きることは出来ない、何も変えることは出来ない。今までもこれからも不安定に生きるしかないのだ」と言うような感覚を持っている高校生がいた。ひとたびこの前提を信じることが出来なくなると、その個人は絶望的な状況に追い込まれる。自分一人だけ、他の人のように「モーレツ」になれないのだ。数としては少数でもそのような子どもたちがいると感じた。そして、そんな子どもたちは少数であるがゆえに更に生き難さを抱えざるを得ないのだ。

そして、時代も矛盾をきっと内包している。一生懸命働いても、一生懸命勉強しても報われると思えない人々が増えてきているのではないだろうか。社会自体が高度に成長している時期は、その矛盾は結果として成長の成果の中に溶解して見えてこないが、その急成長も一段落してしまうと、もうこの矛盾を成長の中に薄めたり眼をそらさせたりすることができなくなる。日本の一九七〇年代もそのような時代ではなかったのだろうか。

広州で生まれ育った二一歳の学生が「私たちはそれぞれ孤独で、話をすることが出来ない」と言う。たわいのない日常の話はできるけれど、自分がとても迷っていること、悩んでいることなどは話すことが出来ないのそうだ。いずれは日本のように専門家に仕事としてその対価として金銭を払って解決する方が楽ということになるのだろう。そもそも人間関係は煩わしさを内包している。人が意図することを理解しようとし、自分の言わんとすることを伝えようとすることも、感情のもつれをほぐしていくことも難しい。モノやカネでその煩わしさから逃れられるのであればそのようにしたくなる。上海でインタビューした戚さんは自分が小さい頃は近所中よく知っていて、お互いに助け合って生活していたと言う。しかし、お互いのバランスを保つことは気働きが欠かせない。どちらか一方だけがお世話になりっぱなしではもう一方に不満がたまるのだ。他者と関わり合って暮らすことは何かと厄介だ。

他者との厄介な関わりがずっと少ない現在は気が楽ではあるが、孤独だ。自分のことも語らなければ人のこともわからない。何を考えているのかわからない他者に囲まれて暮らすのは不安だ。その不安も孤独を更に絶望的な気分にする。他人のことはわからないから、自分のことに尚一層意識が集中して、自分への関心が膨張していってしまう。孤独のコストは高い。孤独でお金がないとひどく心細くなる。先程の学生は「私たちはどうしたらいいのでしょう」と困惑していた。日本人の孤独と同じ孤独が、広州にも上海にも横倒しになったインク瓶からインクが広がっていくように、確実にじわじわと広がり始めていると感じた。（朝倉景樹）

座談会　二〇〇六年の中国を見て

中国の今

奥地　上海の変化はすごかったですね。私は三〇年まえに上海に行ったことがあって、その時からバンド地区にある古いヨーロッパ式の建物はあったんだけど、新しいビルとかマンションとか背の高い建築群はとにかくすごかった。五〇階建てのマンションもあちこちあって、「ああいうマンションは借りるんですか？」と聞いたら「いや、ほとんどの人がローンで買ってる」って言っていた。

一方、広州の変化はもうちょっと泥臭いというか、上海のような先端をゆく変化とはちょっと違うけど、ものすごく発展している感じでしたよね。

須永　僕も一〇年前に北京に行った時は、いたるところでおじさんが酒を飲みながら将棋をする様子が見られた。そういう風景が今回は見られなくなっていた。上海の変化は目に見える形であって、高層ビルがドーンと新しく建っていたり、人々の服装も日本人に似ている。

奥地　昔だったら市場《いちば》があって何かその雰囲気があったけど、生活の仕方とかもっと洗練されてきている。でも今でもちょっと街の奥に入ると洗濯物がダーっと道路の上に干してあったりしてそういうところは昔と似てるけどね。でもやっぱり雰囲気が日本と似てきている。

朝倉　一〇年くらい前は、自分たちが日本人だってすぐまわりの人が気付く。

須永　「日本人だ日本人だ」というふうに見られることは、今回はあまりなかったですよね。

奥地　三〇年前は、日本人ってわかると現地の人たちの目つきがもっと鋭くなるというか、「見られている」という感じが確かにあった。

清水　中国人が日本人に似てきたっていうことですかね？

奥地　日本の方が先に経済発展してきて、服装や身のこなし方も変わる。中国がそれを追っかけてきているような感じで似てきた気がしましたけど。

高橋　若い人の格好は日本とほとんど変わらなかったですね。

長井　上海は街の様子がニューヨークとか東京とかとあまり変わらない。でも、その変化は後から急激に来たという感じで、たとえば上海には極端に高いビルと低いビルしかない。

須永　携帯電話も普通にありましたね。電車の中で携帯を使っている姿とか。

高橋　広州美術学院の講師の方が持っていた携帯電話にはＰＤＡのような機能があって、その機能の高さに僕は驚いたんですけど、聞いてみると、あれが今の中国では安くて誰でも持っているんだと言っていました。そういう部分では日本よりも進んでいるんじゃないかな。

奥地　私が以前、上海で訪問した学校は土で作られた感じで、市外だったからかもしれないけど泥臭い校舎だった。でも、今はそういう気配は全然なかった。見学した学校以外にも別の学校の横を通ったりもしたけど、みんなビルでね。そういう意味ではすごい変化してる。

長井　都市はそうかもしれないけれど、田舎はまだわかりませんよね。見てないんではっきり言えませんが、地域格差が問題となっていますから。

奥地　広州で宿泊したホテルで足マッサージに行った時、マッサージしてくれたのは若い女の子で、どこか地方から出てきていて、年齢も一七とか二〇とかだったよね。普通その年齢で都市部に住んでれば高校か大学に行ってるんだから、だいぶ違う。

朝倉　広州駅前に大勢の人がいましたが、あの人たちは貧しい農村からあてもなくやってくる人たちで、服装も上海の街中で見かけるような人たちとは違う。規制しても規制しても大都市にはそういう人々が常に入り込んで来ている。だから都市部には、一方で都市の住民権を持っていない、仕事もない人たちがいて、一方で綺麗なオフィスで働いている人たちがいる。何がそういう格差をつけるのかというと、やっぱり教育が意味を持っていて、そういう格差を目で見て無意識のうちに良い暮らしをするには学歴が必要だと感じるのかもしれない。

奥地　上海では大学に行って当たり前という話がありましたしね。

教育熱心な中国社会

朝倉　私たちの行った上海や広州は教育関係の整備がすごく進んでいた。特に評判の良い学校、

奥地　上海で見学した公立の小学校も非常に教育環境が整っていて、機材もそろっている。先生方の教育に対する熱意もある。教育が日本以上に重視されている。

日本と比べるしかないんだけれども、授業を見たり話を聞いた感じでは、先生たちがかなり力を持っている。それは先生たちがしっかり教育されているんだと思う。

長井　大きいのはやっぱり大学城で、建設のために島一つを収容してしまう。日本だったらすごく反対とか起こると思うんだけれど、中国では土地は基本的に個人のものではなく国のものだから、ああいう大規模なことができる。大学城を建設するにあたって、イヤな人はいっぱいいたと思うんだけれど、それをむりやりどかして造ってしまっている。

奥地　頑張らないと中国は世界の中でいい位置を占められないぞって勢いがないと、そこまでの無理なことはしないと思う。

朝倉　状況は複雑で中国では素質教育というのが言われていて、たとえば、必要以上に宿題を出してはいけなくて、何年生までは何分までとか、厳密に決まっている。そこまでせざるを得ないという意味でも教育に対して非常に関心の高い社会だと思う。

奥地　「受験、受験」という現状をそうではないように見せたいというか、「そうじゃないんですよ、私たちが目指している教育は人間性を大事にしているんですよ」という部分を一生懸命出したいという印象は受けましたね。

朝倉　個性だとか人間性だとかそういった言葉がとても強調されるのには、一定のなにかがあった後に出てきたというふうに僕は感じざるを得なくて、かなり受験勉強に過熱したことが問題化された後に私たちは訪問したと思う。

だから、いわゆる学校教育だけじゃなくて、今は子どもたちの情操教育みたいに言われるものも熱心になっている。ピアノ、水泳、伝統舞踊、そういうものを休みの日なのに親に送り迎えされて行くでしょ。ピアノのお稽古も親が付きっきりで稽古のおさらいをするっていうのも、別に子どもをピアニストにするためではなくて、ピアノのお稽古は親もしかるべき責任を持ってやるもんだという感じでした。

奥地　それって新しいことというよりは、もしかして教育の考え方って伝統的にあるのかもしれない。三〇年前に行った時にもそういった習い事をやっているところがあって、全ての子が学校が終わったら行くと言っていた。だから情操教育熱みたいなものは昔からあったんじゃないかな。ただ今は幼稚園から既に過熱してるという変化はあると思うけど。

朝倉　でも昔とはちょっと質が違うかもしれません。今の習い事というのは親が子どもに付加価値を付けるためにあるように見える。劉さんの家でもお父さんが娘さんのお稽古事の送り迎えをしていました。日本でもピアノのお稽古なら行ったことある人はいると思うけど、多分親に送り迎えを必ずされるという人はあまりいない。

奥地　どうして親がくっついていくんですかね？

朝倉　親もレッスンの内容を知って、家でやる練習の時にちゃんと確認をして「こうじゃないでしょ」とか「よくできたね」とか親が言うっていう話も聞くから、僕はそれをしに行ってるのかなと思うんですが。

奥地　歳の大きい子にも親がくっついて行くの？

朝倉　小学生くらいでもやってると聞いたことあるけれど、中学生以上はわかりませんね。

奥地　中高生は遅くまで学校で勉強しているから、たぶん幼稚園と小学生だけだと思うけど。

長井　親が子どもの教育に関心が高いと感じたのは本屋の本の並べ方。小学校一年生からの学習参考書だけじゃなくて、絵本とかも「英語が覚えられる」とか「算数に慣れる」とか、純粋な絵本がない。なんにでも絶対教育が付いてくる。その感覚で習い事とかもあり得るのかなと。

寮生活の子どもたち

清水　学生が家ではなくて寮に住んでいるっていうのがすごい。自分には真似できない。

朝倉　なんのために寮に住むかっていうと、必ずしも距離じゃない。北京大付属の人たちは基本的には寮生で、市内に住んでいる人も寮生。通えないからではなくて寮に住むことに一応基本的になっている。

上海の公立の小学校だって寮がある。越境して寮に住んで通わせるわけでしょう。上海市内に住んでいるのだから山奥で地域に通える学校がないからではなくて、より良い教育を求めて寮に入れさせて学校に通わせる。それは日本だってなくはないけれど、良い教育を受けさせるための小学校からの寮というのはそうザラにある話ではないですよね。親は子どもの教育を非常に重視して、そのためには家族一緒の生活の時間を犠牲にしてもやむを得ないことにして、子どもが寮に入って学校に通うってことを選ぶわけですね。

今回訪ねたところはどこも寮があるところだったわけです。「孟母三遷」とかそういうことと直結させる気はないけれど、やっぱり子どもの教育のためにかなりのものを犠牲にしてもいいという認識が根付いているって思いましたね。

清水　寮に住むと私生活が遮断されちゃって、学校だけが全てになる。そのことが怖いなって思いました。

奥地　学校だけの生活になるから、遊べないでしょうね。

朝倉　僕の上海の知り合いは寮生活で学校に行った人なんですけど、三十代になった今でも親とコミュニケーションができないって言ってましたよ。その人は小学校から基本的には平日五日間寮で、週末だけ家に帰る生活をして、そうやってずっと大学まで行く。でも家に帰ってきたら「学校はどうだった？」とか成績のことを母親から訊かれる。その人にとって親は自分が勉強するためにお尻を叩いて、「がんばらなきゃいけない」と押し付けてくる存在というふうに感じていて、日本に留学した理由がその母親から逃れたかったんだっていうようなことを僕は聞いたことがあった。全員ではないだろうけれど、そういう人は特別な例ではなく、けっこういると思う。

たくさん勉強する中国の子ども

須永　中国に行く前はすごく教育が過熱して「勉強！勉強！」というきつい先入観があったんです。だけど、実際は淡々と進んでいる状況で、時間に追われている感じではないし、無理が表面化しているとはあまり感じられないようにも思えましたが、どうでしょう。

長井　いくつかサインがあって、上海で通訳の戚さんにインタビューをしたとき、喫茶店のウェイトレスとかホテルのベッドメイクとかする人というのは田舎から出てきた人たちで、親が子どもに「がんばって勉強しないとああいう人みたくなるのよ」と脅す、と言っていた。そういうのって子どもとしては大きな苦しみになると思う。

清水　広州美術学院で、宿題で絵を一週間に百何枚も描くとか、みんな家ではなくて寮に住んでいるというのはすごいと思った。良い意味のすごいではなくて、自分には真似できない独特の雰囲気を感じました。

奥地　小学生のうちから毎日細かい分刻みの時間割で勉強している。休憩時間は長くても十二分。まだ小さい子たちなのに、みんなテストの時間にはしーんとなってテストを受けていて、休み時間になったら「わーっ」と騒いで遊んでいた。あれはテストを相当緊張してやっていて、小学生も日本の子よりずっと勉強しているという印象を受けた。幼稚園生の子の家でも、家の中に子どもが文字を覚えるための名札が貼ってあったりして。高校では特別塾に行かなくても高校そのものが大学受験のための予備校みたいなものだと通訳の人が言っていた。夜一〇時まで教室で勉強しているという。そして大学になると、私たちが行ったのは美術大学だったけれど、相当の量の課題をやっているよね。

子どもは相当勉強やらされていると感じたけれど、子どもたちは勉強をやってることについて批判的に捉えるのではなくて、将来につながると思ってやっているようだった。すごく大変なんだけど大変さはあまり出していないと思った。日本と比べると中国の子どもの方がずっと勉強をやっていると感じましたね。

朝倉　中国がすごいなと思ったのは、広州の繁華街を歩いていた時、子どもの姿を見かけることがすごく少ないんですよ。繁華街で夕方であるにもかかわらずね。でもそれは当然で、彼らの話を聞いてみると、夜九時、一〇時まで学校で勉強しているんだから、街に子どもがいないわけですよ。
日本の子どもの家での勉強時間って意外と短くて、平均すると一時間ちょっとだったりする。中国の子どもたちも家の勉強時間は同じくらいかもしれないけど、夜一〇時くらいまで学校でやってるわけだから。東京都の塾に行ってる子の比率は高いと言われてるけど七割程度で、中国の子たちは場合によると全員学校に残って勉強やってるわけですよ。どっちが勉強やってるかというと、やっぱり中国の子のほうがずっと勉強をしてしまう環境にいると思いました。

愛国心

清水　広州の大学城での学生インタビューが印象に残っていて、僕らが「なんのために大学に入ったのですか？」と聞いた時、一人の生徒が「国のためです」と答えたら、他の学生が笑ったということがあったじゃないですか。それが意外だったんですね。「国のために入った」って答えると他の学生も賛同するとか拍手をするとか、そういうふうになるのかと思っていたんですが。

朝倉　反日暴動から一年たって日本のマスコミがインタビューをしたとき「暴動した人たちは愛国無罪。あの人たちは国を愛してああいうことをしたのだから罪に問わなくていい」ということを言っていた。「愛国」という言葉がどういう時にどう力を持つのかということは社会の違いを踏まえて、丁寧に考えたほうがいいと思う。

奥地　愛国心というか国が優先という意識は小さい頃から培っていると思うのね。劉さんの小学校でも週に一度、普段は私服でも国旗を揚げる日は制服を着て国家を意識させる。

それでもね、広州美術学院の学生が国に対して距離があるような態度をとっていたのはほっとするよね。だって日本の戦前だったらあれもできなくて、笑っちゃいけないし、まじめに答弁をしなくちゃいけなかった。

生徒も教師も表彰されるために

須永　北京大付属中広州実験学校の教室の前に貼ってあった「愛国、進歩、民主、科学」という標語も気になった。共産主義的な色というのは出ていたと思いますか？

奥地　今、経済改革に力を入れるのが国家の方針だから、それは見事に出ていたと思う。私たちが訪問した小学校の先生たちはあんまり意識していなかったみたいだけれど、私から見るとやっぱり人材育成と経済発展は教育と絡んでどんどんやっていると思う。

石本　中国の今の過熱した教育というのは、一人ひとりの学力レベルを底上げするようなやり方なのかなと思いましたね。日本も教育熱心とか言われるけれども、一人ひとりのレベルを上げてゆくような教育をやってるようにはあまり思えない。一人ひとりを国際的に通用する人材として育ててゆく。それが経済にとても結びついているというのは、すごいことだなと思いましたね。

奥地　先生たちに表彰制度があって、優秀な先生は共産党員になれる。共産党員に選ばれる人はすごく少ないと言っていました。あの話はとても中国らしい体制と絡んでいると思いました。

高橋　北京大付属の小学校の表彰の仕方がすごかったですね。書道の作品が表彰されていたんですけど、それがたった一人の優秀な作品を讃えるように展示されていた。日本だと教室の壁に並べて、みんな評価は同じじってというような展示の仕方をするじゃないですか。

朝倉　日本もかつてはそうだったと思うんですよね。それもそんなに遠い昔のことではなく、戦後でも中学校や高校で、定期試験の成績一〇番以内の名前を順番に張り出す学校は普通にあった。

それができる理由のひとつは「頑張ればこうなれる」という時代の気分が社会で共有されていた。「みんなも努力すればいいんですよ」ってそういうふうに思ってみんな頑張れてしまう。それは中国で感じた「なんであの人たちは大変なのにもかかわらず大変そうに見えないんだろう?」ということとすごく繋がっていると思うんです。

教育は国のもの

奥地　ちょっとよくわからなかったことがあって、国がどれだけ金を出してどれだけ教育方針を管理監督しようとしているのかを聞き出そうとしていたんだけど、なかなかうまく掴めなかった。上海の役人が指導に来ると言っていたから上海市立なのかと訊いたら「そうじゃない」。じゃあ国立みたいに国がやってるのかと訊くと「そうじゃない」。「どうして日本の人たちは国立だとか上海市立だとか民間だとかにこだわるの？」って言われてね、あんまり話が通じなかったですね。

朝倉　それはやっぱり中国では教育は国のものなんですね。中国の大学は執行部みたいな学長、副学長の中に全人代の代表が必ず含まれるんだそうです。つまり教育の責任者というのは党や政府の要人なんですよ。そういうものが徹底している。だから国の教育方針は大学の教育方針だし、直結している。そういうしくみになっていて、国家の方針から外れたワタクシの教育は基本的にはないんですよ。

中国では教育政策に国がすごく力を持っている。だから大学城という巨大なプロジェクトも存在するし、塾が少ないというのも公が教育をすごく統括しているからなんですよね。だから夜一〇時まで学校はやっている。公立の学校を夜一〇時までやるなんて日本では非常に難しいと思います。遅くまで生徒全員を勉強させられる体制を学校で作れるのは、国家が非常に力をいれて教育を統括していることを示している。それを基盤に今の教育過熱もある程度国家にコントロールされているというのがあるのだと思う。

でも国はあきらかにバランスは取っていません。私たちが行ったところはどちらも中国の経済都市で、産業のトップをいくような大都市だから小学校でもすごく力を入れてあんなにいい環境を作る。ここぞという産業や、国家に有益な教育・人材育成だと思うと大金を投ずる。大学城だって大金を投ずる。人が少ない農村地帯にはどれだけお金を投じてどれだけ優秀な先生を置いているのか疑問で、すごく格差があると思う。そのことがなんのためなのか。人の幸せのためなのか、国家の経済的発展のためなのか。

学年が進むにつれて元気がなくなる

相澤　広州の北京大付属中は小学校、中学校、高校と、学年が上がるにつれてどんどん元気がなくなっていって、あそこは日本の学校と似ている。小学生はけっこう元気に授業を受けているけど、学年が上がるにつれて元気がなくなっていって、高校になると、もうとりあえず授業に出ているだけみたいな感じでした。

朝倉　確かに高校生は休み時間も含めてもっとしんどそうというか、「休み時間だー。わー。

相澤　晴れ晴れー」って感じではなかったですね。

奥地　みんな大学入試を前にしているからですかね。

相澤　でも広州美術学院の大学生は元気だった。無事、大学に入れた解放感かわからないけれど、元気さと素朴さがあるという感じを受けました。

奥地　美大っていうのもあるんじゃないですか？

石本　それもあるのかもしれませんね。同じ高校生でも広州美術学院付属中等美術学校の生徒たちは、自分の好きなことをやっているせいか、やらされているという感じよりは一生懸命やっていた感じ。レベルも高くて力をつけているという感じはある。

教育過熱がすごいと言うけれど、学生たちは想像していたほどあまりへとへとになっている感じではなかったですね。でも北京大付属中では小中高と上がるにつれて子どもの表情がだんだん暗くなってくる。中学校の教室で、傍目から見ると「授業受けるの、もう疲れたな」という感じの、すごく暗い表情の男の子がいましたね。もうちょっと学生の話を聞ければ良かった。

不登校について

長井　北京大付属中の高校の雰囲気が僕の考える不登校に近いと思った。高校って小学校から大学までの間で多分一番勉強してる時期なんですよね。子どもたちが机の上に教科書を積み重ねたり、カレンダーを置いていたり、それぞれバリケードを張っているんですよ。
　大学の受験勉強というのは一番効率が悪い。学べば学ぶほどどんどん通り過ぎてゆく。すごくつまらない知識を狭い入り口から詰め込むから、どんなにいっぱい流しても全部通り過ぎて残らない。北京大付属の子たちは多分いい大学に入っていい会社に行くような人たちなのだろうけれど、全て抜け落ちてなにも入ってきていないようで、とてもつらそうだし、疲れきっている感じがした。

奥地　二〇〇〇年に日本でやった世界フリースクール大会で、中国の小児科医をやっている万暁雲さんから九〇年代から都市部で身体症状や無気力で学校に行けない子どもが増えてきているって報告があったから、不登校の子が絶対いるだろうと思ったんだけれど、不登校の話には出会わなかった。だけれども、日本で言う「不登校」に近い意味に当たる言葉で、「不去学校」「逃学」という言葉があると聞いたのは収穫だったと思う。

相澤　不去学校っていうのは単純に「学校に行かない」ということを指すようなシンプルな言い方だけど、逃学っていうのはちょっと別の意味合いが入っているよね。

奥地　認識の仕方が入ってる。「あいつら逃げてるぜ」っていうような。

朝倉　小学校の先生が不登校は絶対にいませんって言ったのはすごかった。それはすごい否定で、絶対あり得ないっていうような断言の仕方でね。

奥地　だけど私は不登校はいると思う。私は六三年から教師をしていたけど、うちの子が不登校するまでは、もし「おたくの学校に不登校はいますか」という質問がきたら、私も「いません」って言っていたと思うんだよね。だって当時は本当に考えられないことだから。時代的に教師の指導力さえあれば不登校なんてあり得ないって教師はみんな思っていた。

朝倉　日本でも七〇年代までだったら顕れてこないし、不登校の子どもがいたとしても知ることが出来ないから「あり得ないでしょ」「いませんよ」って言うと思うんですよね。そこで私たちが怪訝《けげん》な顔をしていたから、通訳の万さんは「中国の子は日本の子と違って強いから不登校はないですよ」と解説してくれたけど。

相澤　学校とか国や未来に対する信頼というのは、中国の場合まだまだある感じがしたから、万さんの言う「強い」っていうのは強いて言うならその信頼から来ているんじゃないかな。

朝倉　国への信頼かどうかはわからないけど、国の強制力を感じてるのは確かだと思う。でも将来への信頼はあると思うんですね。「頑張れば報われるんだ」「今努力をしておけば将来自分の家族や自分たちに返ってくるものなんだ」って思えれば、大変なことでもある種納得に近いものをもって出来ると思う。でも「やってもどうなるかわからない」「まるっきり意味がないかもしれない」ということを強く思ったら無理は出来にくいんじゃないか。

石本　そういうことに疑問を持っちゃうと、自分はそこでストップしてしまうと思う。自分が不登校になった時っていくつか理由はあるんだけれども、そのうちの一つが、今やっている学校の勉強というのが将来どのように役に立つのか全然わからない気がしてしまったことで、そうなるとやる気がなくなるから成績がぐらぐらと下がってゆく。すごく疑問を持ったり、頑張ってもなんとかなるとは思えなくなると、途端にすごくしんどくなる。特に北京大付属は、流れに乗れている人はいいけれども、乗れなくなった人がどうなるのかというのがすごく気になった。

学校にも行かないし家にもいたくないっていう子はネットカフェに行くしかないと聞いたけど、ネットカフェにしか行けないのもすごくつらい。でも社会的に子どもが学校に行けなくなったらどうするのかという話って中国ではまだ全然認知されていないようだし、そういう発想すらないようにも感じた。だから、今そういうふうに感じてしまった子はすごくつらくて死にたくなったりするんじゃないだろうかととても心配になる。

朝倉　新聞に、学校の先生に怒られて家出をして放浪をしていた男の子のニュースが出ていたんです。学校で怒られると家を出るという発想は一見不思議でしょ。なんで学校で怒られたら家を出なければいけないのか。子どもの世界では学校での成績とか学校での生活が圧倒的に中心で、家も学校化してるから、学校の世界が家にも侵入していて、そうなると結局その子は先生に怒られると家を出るということになってしまう。その子以外にもそういう家出の事件はけっこう起きているらしいですね。

荒尾　通訳の万さんが、日本ほどではないけれど、自殺する子どももいるし、家庭内暴力なんかもある、今の子どもは一人っ子で家の中で甘やかされて育ってきているから、いざ学校とか社会の中で迷っちゃうと自殺するしかないと思ってしまう。そういうようなことを言ってましたけど。

奥地　「甘やかされてるから我慢がつらい」とかそういう側面もなくはないだろうけど、それ以上にプレッシャーが強い。独りで両親の期待に応えていかなくちゃならないのは並なことではないなという方が大きいと思う。

朝倉　ちなみに中国の新聞やメディアも国家がコントロールしているわけだから、子どもの自殺にしても不登校にしても、報道をコントロールできる。そういう社会体制の中で教育もあるっていうことですよね。だから不登校している人って本当にこの世の中に自分しかいないんじゃないかって思うだろうね。

石本　勉強がつらいなって思った時に、自分自身が罪悪感を持つと思うんだよね。「それでもいいや」と肯定しづらい。当然学校の先生とかもそんなのいけないと思っているから、誰も自分を肯定してくれる人がいない。自分一人で自分のことを肯定できるなんて多分思えないから、行き場がなくなるんじゃないかと思う。

なぜ頑張れるのか

石本　私がちょっと気になるのは、教育過熱と経済発展が繋がっているという話は何度も出てきていて、勉強を頑張れば良い学校に、良い企業にも入れるという仕組みはあると思うんだけれども、学校でやった勉強っていうのは大学を卒業して働き始めた時にどうなるのかっていうのが素朴な疑問としてあります。たとえば広州美術学院の学生たちはみんなデザインの仕事に就きたいと言ってたけど、大学や高校で学んだことがデザインの仕事に就いた時にどのように役立つのかっていうことがすごく気になります。

朝倉　広州美術学院を案内してくれた講師の人はコンピュータを使ったメディアの教育をやってるでしょ。その知識や技術はどこで学んだのかと訊いたら、彼は広州美術学院の卒業生なんだけど、大学では全然学んでなくて、彼は卒業後働いていて、その時に学んだって言ってたのね。コンピュータは新しい技術で、そうした社会の動きの方が大学教育の動きよりも早いから、大学や大学院で一切そういうのは学べてませんって言っている。

今でも大学では社会の動きに遅れて、クラシカルなことをやってるわけだよね。広州美術学院には新しくてすごいコンピュータルームがあったけれど、多くの時間は多分基礎的なところに使う。基礎的な力は確かになんにでも役に立つところはある。どんな造形をやるにしてもデッサンができるってことは不便ではない。だけれども、広州美術学院を苦労して入って出ることが就職にプラスじゃなくなる時というのがすごく大きな節目になりうると思う。一生懸命頑張って、この大学に入ったのに、それがプラスにならない。

奥地　それはもうちょっと先でしょうね。

朝倉　そう。だから今は大学で学んだことが卒業した後に役に立たなくても、大学を卒業したことが就職するのに役立てば、大学に行くための努力や行ってる間に学んだことが無駄とは思わない。直接に役に立たなくても職を得ることに役に立てば、役に立ったことになる。否定しない疑わない。

奥地　だけど日本だって大学で学んだことが直接役に立ってるかというと、ほとんど役に立ってないとも言えるので一緒ですよね。

朝倉　以前は日本だってあれだけ受験勉強やれたわけでしょ。それはなぜかっていうとやっぱり東大行けばいい職場があると思えていたから。でも今は前ほどそう思い込めないわけで。そこが中国との違いだと思います。

最後に

長井　全体として不登校の空気ではないなというのがある。というのは日本は主婦の間に鬱病が流行っていたり、ひきこもりが流行っていたり、社会全体が疲れてきている。でも、中国は誰も疲れてないってふうに見える。自分だけが疲れていても、まわりみんなが頑張っているとけっこう頑張れちゃうというのがある。

石本　私は広州美術学院で学生と交流した後に奥地さんが「素朴だった」と言っていたように、確かに日本の同じ年頃の子とくらべると盛り上がり方なんかも素直。小学校の子を見てもそう。やっぱり日本の小学生はあんなに「わー」って叫んで遊ばないし、あんなにきらきらしてない感じがする。

朝倉　あと気になるのは、今は子どもがみんな携帯電話を持っていること。携帯電話でやるのはメールで、直接話さない。それはどういうことなのか。それにまつわる話はあちこちから聞こえてきていて、ひとつは北京大付属高校の「将来の希望」に書いてあった男の子の話ですよね。その生徒は「ずっと期待しないで不安定に生きてきた」みたいなことを書いていて、しかも「ずっとそれは変わらないだろう」みたいなことを書くわけだよね。

相澤　でも僕からすると、彼はなんで学校という場であういう気持ちを書けるのかっていうのが不思議だった。みんなが、大学に入りたいとか通訳になりたいとか、そういう将来の夢を書いてる中で、つらい気持ちを書くってすごく大変で、日本の学校だったら書けない感じがする。

奥地　さっきも言っていたけど、素朴や素直とかがまだ残ってるからかしらね。日本のほうがむしろ周りを気にして、あまり素直に自分を出せないで演じたり、ふりをしたりがあるけれど、中国はそこまで行ってないんじゃないかな。将来的にあるかもしれないけどね。

朝倉　そういう素直さはやっぱりあると思うんだけれど、それでも、やっぱり私たちの世代は孤独だって言う人も出てきている。一番言いたいこと、思うことは怖くて言えないという。日常のテレビのこととか雑誌のこととかは話せるけれど、一番話したいってことは怖くて話せない。携帯のメールでやり取りすることも「あの先生はこういうことで授業がつまらないよね」とか、日常の細かなことでね。一番不安なことは人に話せない。だから私たちは孤独なんです、と。あと親の世代と自分の世代というのは経験も考え方も違うから親子でも気持ちが通じ合わないということも聞いた。感覚からしてもう違うんですよって。

日本の人に比べれば中国の子どもたちは素朴でストレートだったりすると思うし、将来は努力をすれば報われるんだろうって思ってるから無理できるんだけど、孤独感は確実に進んでいるし、「やっていけないなあ」と感じている人は確実に現れてきていると思う。

奥地　ともかく、いろんなことを考えさせられた中国調査でした。ナマに見てこそわかったり感じたりできたことがたくさんあり、行って良かったと思います。（終）

執筆者一覧（シューレ大学不登校研究会）

相澤 啓祐（シューレ大学学生）朝倉 景樹（シューレ大学スタッフ）
荒尾 俊樹（シューレ大学学生）石本 恵美（シューレ大学学生）
奥地 圭子（東京シューレ理事長）清水 幹王（シューレ大学学生）
須永 祐慈（シューレ大学学生）高橋 貞恩（シューレ大学学生）
長井　岳（シューレ大学学生）山田 草平（シューレ大学学生）

特定非営利活動法人東京シューレ
シューレ大学
〒 162-0065
東京都新宿区住吉町 8-5-2A
Tel・Fax　03-5360-8740
Mail　univ@shure.co.jp
HP　http://shureuniv.org

アジアの不登校 中国
教育噴火―経済発展する中国、広がる学歴社会―

発行日　2006 年 9 月 1 日　初版発行
編　著　シューレ大学不登校研究会
装　幀　高橋貞恩
表　紙　清水幹王
発行所　東京シューレ出版
〒 162-0065 東京都新宿区住吉町 8-5
Tel・Fax　03-5360-3770
Mail　info@mediashure.com
HP　http://mediashure.com
印刷・製本　株式会社光陽メディア
定価は表紙に表示してあります
ISBN4-903192-03-2 C0036

東京シューレ発行「アジアの不登校」

韓国の教育と代案教育
――シリーズ・アジアの不登校

NPO 法人東京シューレ編
2001 年　800 円

韓国は今、急速に不登校やひきこもりが問題化されつつある。東京シューレでは、2000 年から韓国へ渡り、「自退生」の子どもたちや、親を訪問。韓国の教育の現状を調べてきた。「haja センター」や「ガンジースクール」「ミンデュルレ」など、急速に進んでいる「代案教育」運動を中心として、学校や行政の取り組み等も紹介しながら、韓国の教育の新しい動きを探る。

台湾のフリースクール
教育・社会・歴史
――シリーズ・アジアの不登校

シューレ大学不登校研究会編
2004 年　800 円

台湾には不登校の子どもたちはいるのだろうか。新しい教育の動きは？　調査交流を行ってきた韓国に加え、台湾のオルタナティブスクールや大学、行政、小中学生の子どもとその親の話、また台湾の歴史を知るための調査旅行を行った。

現在 3 人に 2 人が大学へ進学する高学歴社会を向かえつつある台湾。しかし制度で認められたオルタナティブスクールも存在する。今後注目される、東アジアの教育調査報告書第 3 弾。

ご注文は最寄りの書店、または東京シューレ出版までお問い合わせ下さい。